Lauter tolle Mädchen-sachen

Für unsere Mütter
und unsere Töchter

Fumi und Sabine

Die Tipps und Informationen in diesem Buch sind von Autorin und Verlag nach bestem Wissen und Gewissen sorgfältig erwogen und geprüft. Autorin und Verlag übernehmen jedoch keine Haftung für etwaige Schäden, die sich aus Gebrauch oder Missbrauch der in diesem Buch ausgeführten Informationen ergeben.

Originalausgabe

verlegt durch EGMONT
Verlagsgesellschaften mbH,
Gertrudenstr. 30-36, 50667 Köln

1. Auflage
Umschlaggestaltung:
Zero Werbeagentur München
Redaktion: Cindy Witt, Justine Lipke
Produktion: Simone Nauerth
Layout und Satz: Christa Marek, Köln
Umschlagfotos und alle
Bilder des Innenteils: Andreas
Rümmelein und Sabine Bohlmann
Druck: Himmer AG, Augsburg
ISBN: 978-3-8025-3743-1

www.vgs.de

Sabine Bohlmann

Lauter tolle Mädchensachen

Das freche Mutter-Tochter-Buch

vgs EGMONT

Inhalt

Über dieses Buch ♥ 6
Mädchen ♥ 7

Einleitung 8

Es ist ein Mädchen! ♥ 8

Für Puppenmamis 11

Puppen selbst nähen ♥ 14
Das Puppenhäuschen ♥ 17
Ein Puppenhaus für Däumelinchen ♥ 19
Das Aquarium ♥ 21
Barbie ♥ 24
Der Feenbaum ♥ 29
Die Puppenküche ♥ 32

Für kleine Schneiderinnen 35

Mamas Kleiderschrank ♥ 39
Was man aus Strumpfhosen und Socken alles machen kann ♥ 40
Pimp it – ganz egal was! ♥ 42
Was man aus Zeitschriften alles machen kann ♥ 49
Basisanleitung Stricken ♥ 53
Basisanleitung Häkeln ♥ 57

Für wilde Hummeln 59

Hüpfen und Springen ♥ 60
Klatschspiele ♥ 66
Fadenspiele ♥ 70
Pferde ♥ 72
Pimp up-Blumenfahrrad ♥ 75

Für Krönchenträgerinnen 81

Krönchen ♥ 83
Benimm ist in ♥ 87
Warum sich Mädchen schminken ♥ 88
Schmuck ♥ 91
Blumen ♥ 98
Ballett ♥ 102
Taschen ♥ 103

Für Kichererbsen 107

Freundinnen ♥ 108
Einen Club gründen ♥ 111
Poesie ♥ 114
Briefe ♥ 116
Geheimniskrämereien ♥ 120

Räumeträume 123

Aufmöbeln ♥ 124

Und zuletzt 136

Der rosarote Fragebogen ♥ 137
Über die Autorinnen ♥ 138
Dank ♥ 142
Register ♥ 143

Über dieses Buch

Mädchen – schon das Wort klingt süß. Niedlich, so wie Mädchen eben sind. Das liegt wohl an dem „chen". Denn alles mit „chen" ist irgendwie niedlich. Tischchen, Häuschen, Stühlchen, Eichhörnchen, Schneewittchen, Plätzchen. Mädchen – dieses Wort kann man gar nicht böse sagen. Es klingt immer irgendwie liebevoll. Tatsächlich ist Mädchen eine Verkleinerungsform von Maid und Magd. Zu einem Mädchen kann man auch Mädel oder Madel sagen. In früheren Zeiten auch Maid, Deern, Dirn, Meitli oder Mäderl. Später wird ein Mädchen zum Fräulein und zum Backfisch.

Dieses Buch soll all den Mädchen auf dieser Welt gewidmet sein. Egal ob sie groß, klein, dick, dünn oder so dazwischen sind.

In jeder Frau steckt ein Mädchen, das immer mal wieder herauskommt. Wenn sie über eine Pfütze springt, die Nase kräuselt, weil die Sonne sie blendet, mit ihrem Mann flirtet. Und in jedem Mädchen steckt schon eine kleine Frau, die sich zeigt, wenn das Mädchen sich in Mamis Kleiderschrank bedient, wenn es mit Papa flirtet oder feine Dame spielt.

Dieses Buch ist von vier Mädchen geschrieben. Meiner Freundin Fumi, deren Tochter Hannah, meiner Tochter Paulina und mir. Vier richtige Mädchen. Von oben bis unten, von rechts nach links. Mädchen mit all den Dingen, die ein Mädchen ausmacht. Und eines ist uns gemein: Wir lieben es Mädchen zu sein!!!!

Nun wünsche ich Ihnen und Ihren Töchtern, Freundinnen, Tanten, Omas, Nachbarinnen, Müttern, Nichten, Schwestern, Cousinen und Enkelinnen, dass Sie genauso viel Spaß beim Lesen dieses Mädchenbuches haben, wie wir beim Schreiben.

Und wenn Ihnen ab und zu aus einer Seite ein kleines oder auch größeres Kichern entgegenkommt – dann ist das sicher eines von uns, denn zu kichern hatten wir vier eine ganze Menge.

Ganz viele elfische, feine, zarte, lustige, rosarote Grüße

Ihre Sabine Bohlmann

Mädchen

Was steckt denn noch so alles in einem Mädchen?

Mädchen sind:

zart, wortgewandt, Kichererbsen, Blumenkranzbinderinnen, Hüpfekästchenhüpferinnen, Springseilspringerinnen, Schönschriftschreiberinnen, Prinzessinnen, Pippi Langstrümpfe, Räubertöchter, Friseurinnen, Hexen, Feen, Elfen, Freundschaftsbandknüpferinnen, Pferdenärrinnen, Puppenmütter. Sie können aber auch Zicken und schnell beleidigt sein.

Sie lieben:

- Mamas Kleiderschrank (vor allem den Inhalt und vor allem die Schuhe)
- Taschen in allen Größen
- meistens auch Pferde oder Ballett oder auch beides

Sie sagen gern Sätze wie:

„Dann bist du nicht mehr meine Freundin."
„Ich hab nichts anzuziehen."
„Mir ist ein Nagel abgebrochen." (oh mein Gott)
Sie quieken und quietschen und kreischen und flüstern und lästern und singen.

Jedes Mädchen braucht eine beste Freundin, einen Platz zum Träumen, Bücher zum Lesen oder Hineinschreiben, mehrere Täschchen mit Gebemsel, Kästchen, Kistchen, Ketten und Ringelchen.

Und sie können auch wie Jungs sein:

wild, wie Hummeln, mit aufgeschlagenen Knien und Ellbogen, laut und räuberisch. Kumpelhaft und stark. Mädchen können alles sein. Mädchen sind was Wunderbares!

WILD

Es ist ein Mädchen!

Mit diesem Satz fängt alles an. Ein rosa Mädchenleben liegt vor einem. Begleitet von Barbies, Lillifees, Einhörnern, Krönchen und Poesiealben. Und wer sind die berühmten Mädchen unserer Welt? Natürlich die großen Märchenfiguren, die fast ausschließlich weiblichen Geschlechts sind. Rotkäppchen, Aschenputtel, Dornröschen, Schneewittchen, Schneeweißchen und Rosenrot. Und wo sind die Superheldinnen mit rotem Umhang? War nicht Mutter Theresa eine Superheldin? Für mich schon. Und sie trug sogar einen Umhang. Einen Heldenumhang. Sonst sind die Superheldinnen eher spärlich gesät. Weltretter sind dann doch eher die Jungs. Batman, Superman und Spiderman – allesamt Weltretter in Strumpfhosen. Wo sind sie, die Heldinnen unserer Zeit? Kommen Sie, nähen Sie sich einen imaginären Umhang und werden Sie eine Heldin! Aber vielleicht sind Sie schon eine, für mich ist jede Mutter eine Heldin. Das soll Ihnen erst mal ein Mann nachmachen!

Alles nur Klischee?

Das klingt jetzt schrecklich altmodisch. Als würde ich alle Mädchen in ein rosarotes Korsett zwängen wollen. Aber, wenn wir ganz ehrlich sind: Mädchen sind so. Egal welche Farbe wir ihnen im Kleinkindalter anbieten, irgendwann entscheidet sich fast jedes Mädchen für rosa als Lieblingsfarbe. Und obwohl wir Spielzeugautos im Haus hatten, ließ unser Töchterchen diese von Anfang an links liegen und beschäftigte sich lieber mit der Puppenküche. Ich hätte ihr durchaus erlaubt, im Karneval als Cowboy zu gehen. Sie entschied sich aber lieber für ein Elfen- oder ein Prinzessinnenkostüm.

Jungs sind Jungs und Mädchen sind Mädchen. Mädchen und Jungs sind verschieden, das ist so und das wird immer so sein. Natürlich dürfen Mädchen heutzutage auch all die Dinge tun, die Jungs machen. Und das ist schön und gut so.

Bei all dem Gerede über Emanzipation vergessen wir ganz, wie schön all die Dinge sind, die den Mädchen ursprünglich zugeordnet waren. Handarbeiten zum Beispiel. Warum wird es an den weiterführenden Schulen nicht mehr unterrichtet? Ich finde, es ist ein wichtiges Fach. Es macht mir heute viel Freude zu nähen, zu stricken und zu häkeln – Dinge, die ich in der Schule gelernt habe.

Wir sollten viel stolzer darauf sein, dass wir Mädchen sind, und auch dazu stehen. Ist es schlimm, wenn wir stricken, häkeln, nähen und hüpfen können? Ich finde es wunderbar! Doch in dem Moment, in dem ich anfange eine Häkelanleitung für dieses Buch zu schreiben, bekomme ich ein schlechtes Gewissen. Wie altmodisch! Wie unemanzipiert!

Das schöne an dieser Zeit ist: Jeder darf alles machen. Jungs dürfen Krankenschwestern werden (wieso heißt das dann nicht Krankenbrüder?), Frauen Feuerwehrmann oder Pfarrer. Und warum sind die berühmtesten Köche immer noch Männer, obwohl doch meist die Frau immer noch zu Hause kocht? Hat es ein Mädchen heutzutage schwerer wegen der vielen Erwartungen an Sie: Karriere und Kinder, Handarbeit und Werken. Versuchen wir krampfhaft, dem Klischee zu entgehen? Lassen Sie Ihr Mädchen einfach Mädchen sein. Ob Prinzessin oder Räubertochter. Blau oder Rosa. Puppe oder Auto. Alles ist erlaubt.

Die Farbe rosa

Würden mein Mann und ich auf einer einsamen Insel wohnen und hätten wir dort unsere Kinder zur Welt gebracht. Einen Jungen und ein Mädchen. Eines Tages würde eine rosa und eine blaue Flaschenpost angeschwemmt werden. Für welche würde sich meine Tochter und für welche mein Sohn entscheiden? Sind die Vorlieben für Farben angeboren? Kommen Mädchen auf die Welt und lieben rosa? Oder werden sie von uns in die Farbe rosa hineingepresst?

Egal wie emanzipiert wir sind, es wird immer Dinge geben, die Jungs besser können. Das ist wahr. Jungs haben mehr Muskelmasse und sind somit stärker. Sie laufen schneller und werfen weiter. Dafür werden sie niemals Kinder bekommen können und auch mit dem Stillen werden sie ihre Probleme haben. Schon deshalb denke ich, wird eine absolute Gleichberechtigung nie möglich sein. Und ich bin auch ganz froh darüber. Denn auf das Kinderkriegen hätte ich ungern verzichtet. Wenn Jungs und Mädchen in allem gleich gut wären, bräuchten wir die Männer nicht mehr. Denn sie ergänzen uns einfach perfekt.

Meine Tochter hatte im Alter von etwa drei Jahren eine extreme lila Phase. So ging sie durch die Welt und bemerkte den lila Schal bei der Dame in der U-Bahn, die lila Blume auf dem Hut, im Circus mochte sie den Clown mit der lila Hose am „besten". Und in der Apotheke nahm sie nur Traubenzucker an, der in lila Papier eingepackt war. War dieser nicht vorrätig, verzichtete sie lieber. (Die netten Damen aus unserer Apotheke, packten daraufhin die Traubenzucker aus und wickelten sie in lila Geschenkpapier. Als meine Tochter das nächste Mal die Apotheke betrat stand die gesamte Belegschaft hinter dem Tresen und konnte es nicht erwarten, bis Paulina ihre Frage stellte: „Hast du lila Traubenzucker?"

Für Mütter und Töchter

Nehmen Sie sich bewusst Mütter-Töchter-Tage vor. Genießen Sie diese besondere Beziehung. Machen Sie zusammen Mädchendinge. Was, Ihnen fällt nichts ein?

Hier eine kleine Liste von Mutter-Tochter-Dingen:

- Fußnägel lackieren
- Pralinen machen
- auf einer Wiese sitzen und Blumenkränze binden
- zusammen auf einer Schaukel bis in die Wipfel der Bäume schaukeln
- sich kaputt kichern
- Sissi im Fernsehen ansehen
- ein rosarotes Bild fürs Kinderzimmer malen
- gemeinsam ein Mädchenbuch lesen („Stolz und Vorurteil" oder „Die wilden Hühner")
- eine wohltuende Gesichtsmaske auflegen
- eine Shopping-Tour durch die Stadt machen
- Kleider oder Schmuck tauschen
- in ein Café gehen
- über die Liebe reden
- rote Himbeerbonbons lutschen
- auf einen Kirschbaum klettern und Kirschen essen
- ein Gedicht schreiben
- in einer Hängematte liegen und lustige Lieder singen
- Kettenkarussell fahren
- in Rosenblättern baden

WUNDERBAR

Material

Wir haben versucht, für die Bastelanleitung in diesem Buch vor allem Materialien zu verwenden, die man sowieso zu Hause hat. Einige Dinge muss man eine zeitlang sammeln. Werfen Sie eine Weile keine alten Kleidungsstücke mehr weg, sondern nutzen Sie die Stoffe. Sammeln Sie Schuhkartons oder runde Schmelzkäseschachteln. Eine Frischkäseschachtel kann zum Beispiel eine tolle Badewanne für die Puppenstube sein. Machen Sie daraus ein Projekt. Stellen Sie Projektkisten oder Körbe zum Sammeln auf, um dann an einem verregneten Tag das Mutter-Tochter Projekt zu starten.

Für Puppen-mamis

Ich war als Kind eine richtige Puppenmami. Meine Puppen hießen Claudia, Andrea, Sandra und Schmollerchen. Schmollerchen deshalb, weil diese Puppe einen Schmollmund hatte. Eines Tages war ich Arzt und Schmollerchen arg krank, und da bekam sie eine Operation von mir. Dafür musste sie ein wenig bluten und dabei half mir der rote Filzstift. Der ging gut auf dem Puppengesicht an und leider gar nicht mehr gut wieder weg. Deshalb kaufte meine Mutter, die es nur gut mit Schmollerchen und mir meinte, einen neuen Puppenkopf. Der war blond im Gegensatz zum braunhaarigen Original-Schmollerchen und ohne Schmollmund, ja er grinste sogar– hatte also mit meinem Puppenkind nicht die geringste Ähnlichkeit. An Weihnachten saß dann unter dem Baum das neue Schmollerchen, dass ich nicht erkannte.
Und da der Schreck und das Entsetzen groß waren (ich weiß heute immer noch nicht, wie Schmollerchen darüber dachte) landete der blonde Kopf im Näheck meiner Mutter, das sich durch einen Vorhang abgetrennt in meinem Zimmer befand. Schmollerchen bekam wieder den mit Filzstift beschmierten Kopf, aber ich liebte sie trotzdem und die Farbe verblasste allmählich.
Der blonde, grinsende Puppenkopf lag hinter diesem Vorhang, weshalb ich monatelang schlecht einzuschlafen konnte, weil ich mich gruselte.
Bis der Kopf irgendwann einen Körper dazu bekam und zu meiner neuen Puppe Claudia wurde.

Meine Tochter ist nie eine richtige Puppenmami gewesen, aber dafür eine liebevolle Stofftiermami. Manchmal wundere ich mich, wie sie in ihrem überfüllten Bett überhaupt noch selbst Platz findet.

PUPPE

Wissenswertes über Puppen

Eine Puppe ist eine kleine Nachbildung eines Menschen. Puppen gehören zu den ältesten Spielzeugen. In einigen Kulturen haben sie auch magische Bedeutung. Die ersten Puppen wurden aus Stroh zusammen-gebunden.

Es gibt Babypuppen, Barbiepuppen, Handpuppen, Puppenstubenpuppen, Modepuppen, Schneiderpuppen, Puppen in Puppen (Matrjoschka), Voodoopuppen. Es gibt Puppen, die sprechen können, andere kann man füttern und manche machen sogar Pipi in die Windel. Es gibt auch einen Puppendoktor und viele Erwachsene, die Puppen sammeln. Und natürlich gibt es auch Raupen, die sich verpuppen. Und mancher Mann sagt auch zu einer Frau „Puppe". Es gibt die Augsburger Puppenkiste und Puppentheater. Puppen gelten als Mädchenspielzeug und hatten neben dem Spielen den Zweck, die kleinen Mädchen auf ihre Rolle als Hausfrau und Mutter vorzubereiten. Haben Sie eine kleine Puppenmami zu Hause? Dann wissen Sie ja, was es bedeutet, denn so eine Puppe braucht schon eine Menge Dinge: Bettchen, Hochstuhl, Kleider, Badewanne, Puppenwagen ...

Bevor Sie sich jedoch in die Spielzeugläden begeben und für Weihnachten und Geburtstag einkaufen, überlegen Sie doch einmal, ob man das eine oder andere nicht selbst basteln, nähen oder bauen kann. Ein Puppenbettchen aus einem Pappkarton, einen Hochstuhl aus Kistchen oder selbst genähte Kleidung? Hier geben wir einige Anregungen zum Thema Puppen.

Puppen selbst nähen

Sie brauchen:

- Zeichenpapier und Stift
- Stoff in Hautfarbe
- bunte Stoffe für die Kleidung
- Wolle für das Haare
- Fäden
- Füllwatte
- Perlen für die Augen
- Nähmaschine, Schere, Nadel

Hannah malt eine Puppe. Nein, Ihre Tochter malt eine Puppe. Oder malen Sie eine Puppe?

— Wer auch immer eine Puppe malt und diese auch zum Anfassen haben möchte, nimmt sich die Zeichnung und schneidet sie aus. Sollte die Zeichnung nicht groß genug sein, kann sie auch auf dem Kopierer nachträglich vergrößert werden.

— Die ausgeschnittene Papierpuppe wird auf einen Stoff (hautfarben und seitenverkehrt) gelegt und ausgeschnitten. Dabei eine kleine Nahtzugabe von 1 cm hinzurechnen.

— Einmal rundherum mit der Nähmaschine nähen (geht auch mit der Hand). Für das Füllloch ca. 3 cm frei lassen. Die Puppe einmal durch das Füllloch umstülpen.

— An den Armen und Beinen ist die Puppen oft so schmal, dass sie garnicht erst gefüllt werden muss. Schöne Schlenkerarme. Unbedingt aber sollte man Kopf und Oberkörper füllen. Das Füllloch anschließend mit der Hand vernähen.

Die Kleidung wird, wie die Puppe, aus der Vorlage herausgeschneidert.

— Auf den Stoff aufzeichnen (bedenken Sie, dass die gefüllte Puppe etwas größer ist als die Papiervorlage), ausschneiden, seitenverkehrt zusammennähen, umstülpen und anziehen.

— Für die Haare büschelweise Wolle an den Kopf nähen. Dafür wickle ich die Wolle etwa dreizigmal um meine gestreckte Hand und binde diesen Wollwickel in der Mitte zusammen. Davon mache ich so viele Büschel, bis die Puppe eine schöne Frisur auf dem Kopf hat.

— Zum Schluss bekommt die Puppe ihr Gesicht. Mund und Nase werden aufgestickt. Für die Augen kann man auch kleine Perlen nehmen.

Man muss diese kleinen, einzigartigen Geschöpfe einfach lieb haben!

Kleine Puppen

Vielleicht haben Sie auch Lust ganz viele verschiedene kleinere Puppen zu nähen. Jede mit einer anderen Hautfarbe, anderen Haaren, einem anderen Gesicht. Übrigens bekommen manchmal auch größere Mädchen Lust eine eigene Puppe zu nähen. Vielleicht eine gute Idee für einen Mädchengeburtstag? Nähmaschinen leihen, ein paar näherfahrene Tanten, Omas, Mütter dazu einladen und los geht's mit einem riesigen Korb voller Stoffe.

Ein Puppengesicht

Mir ist aufgefallen, dass das Puppennähen gar nicht so schwer ist, man sich jedoch oft mit dem Malen oder Sticken des Gesichts einiges kaputt macht.

Mein Vorschlag: Legen Sie sich, bevor Sie mit dem Aufnähen beginnen, alle Teile der Puppe wie ein Puzzle zusammen. Probieren sie einfach ein wenig aus, wie das Gesicht am schönsten aussieht. Legen Sie verschiedene Augen darauf, mit Stoffstift gemalt, Augen aus verschiedenen Knöpfen, Münder mit Bändern oder ebenfalls gemalt? Welche Haare bekommt das Puppenkind?

Mir kam die Idee, ein Foto meiner Tochter auf Bügelfolie (gibt es in Kopierläden oder Computerpapierläden) auszudrucken, diese auf einen Stoff zu bügeln und daraus den Puppenkopf zu nähen. Das sieht lustig aus. Ein bisschen geisterhaft, aber lustig.

Die einzelnen Körperteile habe ich aus alten T-Shirts genäht. Beine, Arme, Kopf und Körper – alle einzeln – von links, dann auf rechts umgedreht, mit Füllwatte gestopft und zusammengenäht. Am Schluss habe ich in die Hand noch drei Nähte für die Finger genäht. Es sind richtig schöne Puppenhände geworden. Die Haare habe ich am Kopf angeklebt. Die „Paulipuppe" bekam außerdem noch eine Hose aus einer Babystrumpfhose, ein Langarm-Shirt aus zwei zusammengenähten Socken und ein Kleid aus einer alten Jeans. Das ganze kostete mich also nur eine Bügelfolie und ein bisschen Wolle. Und so eine Puppe gibt es nur einmal auf der gaaaaaanzen großen Welt!

Karlotta

Wenn Sie sich nicht zutrauen, Arme und Beine zu nähen, nehmen Sie doch zwei Babystrumpfhosen:

- Die eine kann direkt mit Füllwatte gefüllt werden, das werden die Beine.
- Die zweite drehen Sie auf links und schneiden die Fußteile so, dass sie wie Daumen und Hand aussehen.
- Dann nähen Sie die beiden Bünde der Hosen zusammen.
- Der Zwickel der „oberen" Hose wird herausgeschnitten, damit man den Oberkörper befüllen und dann den Kopf daran befestigen kann.
- Der Kopf wird rund ausgeschnitten mit einem Hals daran.
- Vor dem Zusammennähen der beiden Kopfteile sollten Sie das Gesicht aufsticken.

Unsere Karlotta bekam noch eine Mütze aus einem alten Pulli genäht – man kann allerdings auch eine richtige Babymütze nehmen. Da diese Puppe aus Strumpfhosen der Größe 56 genäht ist, passen ihr auch alle Erstlingssachen. Was praktisch ist, denn vielleicht hat man die Erstlingskollektion der eigenen Kinder noch in einer Kiste oder kann im Schlussverkauf ein paar günstige Babysachen ergattern, die dann meist billiger sind als echte Puppenkleidung.

Wenn Sie eine richtige Puppen-Mutter-Tochter-Aktion daraus machen wollen, geben Sie doch der kleinen Puppe nicht nur Füllwatte, sondern feierlich auch noch ein kleines rotes selbst genähtes Herz in den Körper. Denken Sie schon während des Nähens der Puppe gemeinsam über einen passenden Namen nach.

Das Puppenhäuschen

Man braucht:

- 1 kleines Schränkchen (vom Flohmarkt oder aus dem Keller)
- ca. 5 mm dicke Sperrholzplatte (auch Flugzeugsperrholz genannt, gibt es in Bastelläden oder Modellbaugeschäften), Länge und Breite je nach Schränkchengröße

Wandbekleidung:

- Tapetenreste, schönes Geschenkpapier, Origamipapier

Bodenbelag:

- Moosgummi, dünne Teppich- oder Laminatreste, Furnierreste

Für die Möbel:

- Streichholzschachteln, Muscheln, Eichelhütchen, Knöpfe, Stoffreste ...

Werkzeug:

- Cutter, Schmirgelpapier feinkörnig, Holzleim, normaler Kleber, Acrylfarbe, Schere, Filzstifte

— Wer möchte, kann das Schränkchen natürlich außen bemalen, meines war so schön rot, dass ich es so gelassen habe. Wer seines bemalt, sollte es kurz mit Schmirgelpapier anschleifen, damit die Farbe besser hält.

— Innen kann man die Schränkchentüren so bemalen, dass ein Garten um das Haus herum entsteht. Malen Sie Bäume, eine Wiese, Blumen, Himmel und Sonne, oder auch ein paar Tiere auf die Türinnenseiten.

— Für die Etagen werden Breite und Tiefe des Schränkchens gemessen. Der„Bewohner" sollte problemlos darin stehen können.

— Entsprechend und je nach „Raumhöhe" werden mehrere Etagenbretter aus Sperrholz geschnitten und mit dem „Bodenbelag" beklebt. Die Arbeit mit dem Cutter sollten dabei die Erwachsenen übernehmen.

— Für die Etagenhalterungen werden jeweils zwei Streifen Holz (Tiefe nach Schränkchengröße und Breite ca. 5 mm) aus dem Sperrholz geschnitten. Am Schränkchen die Höhen der Böden seitlich einzeichnen und dabei die Dicke der Etagenböden mit einzeichnen. Die Etagenhalterungen unterhalb der Etagenböden seitlich einkleben. Die Etagenböden probehalber einlegen und evtl. noch etwas zurechtschleifen.

Jetzt können die Wände der einzelnen Räume mit Tapetenresten oder Bemalung gestaltet werden. Die Etagenhalterungen kennzeichnen die Begrenzung nach unten und oben.

- Fenster können mit Hilfe von blauer Farbe oder blauem Papier, oder hellem Rand als Fensterrahmen auf die Wände geklebt werden.
- Es folgen Vorhänge und Bilder, die aus Zeitschriften, echten Fotos oder in Form einer Briefmarke an die Wand geklebt werden. Die Böden können noch mit Stoffresten beklebt werden. Dann auf die Halterungen legen. Möglich sind auch Trennwände, für die aus dem Sperrholz oder einer Plexiglasplatte entsprechende Platten herausgeschnitten und zwischen die Etagen geklebt werden.

Für die Möbel lassen sich Streichholzschachteln verwenden, die aufgeschnitten und dann zugeschnitten werden. Die fertig geklebten Möbel anmalen oder bekleben. Lampen kann man aus Papierstreifen herstellen, Waschbecken aus Muschelschalen, die Kloschüssel besteht aus dem Kopf einer Eichel.

Schauen Sie, was sie finden und zur Größe der Bewohner passt. Bei so kleinen Möbeln erweisen sich Klebepads als sehr hilfreich, denn Lampen und Regale können damit einfach befestigt werden. Zum Schluss die Vorhänge, Teppiche, Tischdecken und Bettdecken aus Stoffresten zurechtschneiden.

Herzlich willkommen im neuen Haus!

MÖBEL

Ein Kofferhaus für Däumelinchen

Für vier Euro erwarb ich neulich auf dem Flohmarkt einen kleinen Koffer. Alte Koffer sind etwas Wunderbares, denn man kann sie im Kinderzimmer übereinander stapeln, nach oben hin immer kleiner werdend, und darin Spielsachen aufbewahren. Natürlich kann man einen alten Koffer auch bekleben, mit Aufklebern oder schönen Stoffen oder, wenn er aus Pappe ist, sogar mit Fotos. Man kann ihn auch auf Reisen mitnehmen und Andenken von jeder Stadt, jedem Land daraufkleben: Stempel, Ansichtskarten oder Flugzeugkofferanhänger. Aus einem Koffer könnte man einen Schminkkoffer machen, in dessen Klappe ein Spiegel integriert ist und in dem die Schminksachen ordentlich in kleinen Behältern liegen. In einem Koffer könnte Barbie ihre Kleidung aufbewahren und in einem anderen finden wir unsere Stoffreste und Nähsachen. Ich glaube, ich muss noch einmal zum Flohmarkt, um noch mehr Köfferchen zu finden.

Dieser Koffer wollte unbedingt ein Haus für Däumelinchen werden:

— Nach einer gründlichen Reinigung wurde der Koffer erst einmal in vier Zimmer aufgeteilt: Küche, Bad, Schlaf- und Wohnzimmer. Und das mit Hilfe von Pappe aus Schuhkartons. Dann bekam jeder Raum einen Teppich (naja, das Bad natürlich nicht, das behielt den original Kofferboden). Die Teppiche waren aus einem Stoffmusterbuch, das mir ein sehr netter Möbelverkäufer überließ.

— Die Wände bekamen Tapeten aus Geschenkpapier und anderen schönen Papieren.

Aus Zeitschriften und Versandkatalogen habe ich schöne Regale, eine Küchenanrichte, Schränke und ein Sofa ausgesucht, und sie an die Wände im Haus geklebt. Fenster und Türen fand ich im Internet, ich druckte sie mir in der richtigen Größe aus und klebte sie ebenfalls ins Haus. Dann bastelte ich Tisch, Stuhl, Bett, Badewanne, Toilette und Waschbecken aus Schaumpappe (mit der lässt sich so etwas ganz einfach basteln, es gibt sie im Bastel- oder im Künstlerbedarfsladen).

— Zum Schluss bekam das Häuschen noch einen Dachgarten im Kofferdeckel. Da kann Däumelinchen nun sitzen und die Wolken beobachten.

In diesem Haus ist alles – aber auch alles – sogar das Besteck auf dem Tisch angeklebt, mit Tapetenkleister und Alleskleber, damit nichts durcheinanderfällt, wenn man mit seinem kleinen Haus auf Reisen geht. Nur Däumelinchen, die ist nicht angeklebt mit der muss man ja spielen können. Sie darf in einem abgeschnittenen Socken, wie in einem Schlafsack im Kofferdeckel liegen – das sieht ziemlich gemütlich aus. Däumelinchen trägt übrigens den neuesten Schrei: Die 5-Minuten-Handschuh-Mode – von Barbie abgeschaut.

WINZIG

Das Aquarium

Dazu braucht man:

- 1 Karton (Größe nach Wunsch)
- Geschenkpapier in der Größe des Kartons oder Acrylfarbe für den Anstrich
- Transparentpapier oder Laternenpapier in verschiedenen Blau- und Grüntönen
- Alufolie
- evtl. Plexiglas (aus dem Modellbauladen)
- Sand (z. B. Vogelsand)
- 3 Luftballons
- Glitzer
- 1 kleinen, schön verzweigten Ast
- 1–2 Holzstäbe in der Breite des Aquarium, plus 3 cm Zugabe
- Strandgut (Muscheln, Steine, Seeigelschalen …)

Für die Wassernixen und Fische:

- Fimo in verschiedenen Farben für Figuren und Bekleidung, Basteldraht, Holzperlen, Glitzer, dünne Angelsehne (farblos)

Werkzeug:

- spitze Schere, Cutter, Tesa, normaler Klebstoff, Bleistift, Lineal, Fettcreme, Tapetenkleister, Kleiderbügel, 3 Wäscheklammern, rote Acrylfarbe, Acryllack farblos

— Zuerst werden die Sichtfenster mit dem Lineal eingezeichnet und sorgfältig mit dem Cutter ausgeschnitten. (Diese Arbeit dürfen gerne die Mamas übernehmen!) Dabei sollte man einen ca. 2–3 cm breiten, umlaufenden Rand stehen lassen. Das macht die Schachtel stabiler.

— Zwei Seiten als Wand stehen lassen und mit Alufolie beziehen. Da Alufolie und Kleber sich meist nicht so gut vertragen, muss die Folie über die Kanten gezogen und mit Tesa am Karton fixiert werden.

— An den zwei Seitenwänden zwei Löcher für jeden Holzstab in den Karton stechen. Wer möchte, kann dann das Aquarium auch von außen mit Geschenkpapier bekleben oder bunt bemalen.

— Für die Öffnungen kann man Plexiglasscheiben in entsprechender Größe ausschneiden und von innen mit Klebepads fixieren. Das Aquarium kann von vorne und von oben bespielt werden.

— Der Boden wird mit reichlich Kleber bestrichen und mit Sand ausgestreut, dabei den Sand leicht mit der flachen Hand andrücken.

Wenn der Nixenpalast und das Korallenriff (siehe nächste Seite) ihren Platz im Aquarium gefunden haben, kann mit Muscheln, Seeigelschalen und Steinen das Königreich der Nixen gezaubert werden.

Der Nixenpalast

- Drei Ballons in unterschiedlicher Größe aufpusten und mit Fettcreme einschmieren (das verhindert, dass das aufgeklebte Papier beim Trocknen am Ballon festklebt und schrumpft).
- Tapetenkleister nach Herstelleranleitung anrühren (er darf gerne etwas dickflüssig sein).
- Die Transparentpapiere und etwas Alufolie in kleine Schnipsel schneiden.
- Kleiderbügel und Wäscheklammern für die anschließende Trocknung zurechtlegen. Für das Bekleben der Ballons den Arbeitsplatz mit Plastiktüten auslegen. Es wird klebrig!
- Jeder Ballon wird einzeln eingekleistert und mit den Papier- und Aluschnipseln beklebt. Mehrere Lagen machen den Nixenpalast stabil genug, um ihn anschließend in drei Etagen aufeinander zu kleben. Wichtig dabei ist es, dass es keine Löcher gibt.
- Zum Schluss die Kugeln mit Wäscheklammern am Kleiderbügel befestigen und zum Trocknen über die Badewanne hängen. Achtung es tropft! Die Kugeln müssen komplett trocknen. Das kann 24 Stunden dauern.
- Nach dem Trocknen werden die Ballons angestochen und aus der Kugel entfernt. Die drei Kugeln werden jetzt so mit der Schere zurechtgeschnitten, dass sie gut aufeinander gestapelt werden können und jede Kugel eine oder mehrere Öffnungen erhält.
- An der Unterkante der Kugeln etwas Rand lassen, der umgeknickt als Klebefläche dient. Die Kugeln mit Kleber aufeinanderkleben. Den Nixenpalast mit Glitzer und Muscheln bekleben. Der Glitzer lässt sich übrigens wunderbar mit farblosem Nagellack anbringen.

Das Korallenriff

Für das Korallenriff wird der Ast knallrot angestrichen und mit Klarlack lackiert. Der Ast kann zwischen Steine geklebt oder in Seeigelschalen gesteckt werden, die aber ebenfalls durch angeklebte Steine beschwert werden müssen.

Die Bewohner

Fische und Nixen habe ich aus einem Drahtgeflecht, die Nixenköpfe aus Holzkugeln und Fimo gebastelt. Zuerst das Grundgerüst für die Nixen basteln und anschließend mit Fimo verkleiden, Drahtösen oben anbringen. Nach dem Brennen der Fimo-Figuren im Ofen die Fische und Nixen mit viel Glitzer dekorieren. Jetzt noch die Angelsehnen in richtiger Länge festknoten, oben mit einer Schlaufe an den Holzstäben befestigen und Figuren schweben lassen.

Nixenbikini

Dazu braucht man:

- verschieden buntes Wollgarn (evtl. mit etwas Modal-Anteil)
- Häkelnadel

Gehäkelte Bikinis dehnen sich nicht. Das heißt, zu den Maßen des Lieblingsbikinis Ihrer Tochter müssen Sie etwa 3–5 cm dazurechnen. Schneiden Sie ein entsprechendes Muster aus Zeitungspapier. Diesen Papierbikini lassen Sie Ihre Tochter vorsichtig anprobieren und passen die Häkelvorlage entsprechend an. Nach der Grundhäkeltechnik (siehe Basiswissen Häkeln Seite 57) werden Maschen angeschlagen und zu-, bzw. abgenommen. Die verschiedenen Streifen nach eigenem Geschmack abwechseln. Zum Schluss die Fäden vernähen, die Kanten einhäkeln und Bänder aus Luftmaschen befestigen. Dieser Bikini ist sicher kein wettkampftauglicher Schwimmbikini. Aber als Strandnixenbikini ist er unschlagbar!

Nixenbarbie

Natürlich möchte sich auch Barbie passend zum Thema anziehen und braucht unbedingt ein Meerjungfrauenkostüm. Der Meerjungfrauenschwanzstoff ist übrigens aus dem Regenschirm, der dann ein Sonnenschirm wurde (siehe Seite 48). Bevor ich ihn zum Fischschwanz zusammennähte, verzierte ich ihn mit Filzfischen, Filzseesternen und Filzalgen. Mit der Nähmaschine ging das ganz leicht. Dann nähte ich die beiden Fischschwanzhälften auf links zusammen, drehte den Schwanz um, fertig. Noch ein Wellenfilzgürtel und ein kleines gehäkeltes Bikinioberteil, rote Filzhaarextensions (Märchenwolle) und schon kann Barbie elegant ins Wasser abtauchen und mit den Fischen schwimmen. Und wenn Sie jetzt richtig Lust bekommen haben, nähen Sie sich dieses Kostüm doch einfach in Ihrer Größe für den nächsten Fasching (ich würde Ihnen nur raten, ein Loch für die Füße frei zu lassen, sonst wird es mit dem Laufen schwierig – da hat sich Barbie auch schon beschwert!).

Barbie

Kaum eine Mutter schreit laut „Hurra", wenn eine Barbie ins Kinderzimmer einzieht. Aber fast jedes Mädchen möchte irgendwann in ihrem Mädchendasein eine Barbie haben. Dabei muss ich oft an Michael Endes „Momo" denken. Wenn die grauen Herren zu dem kleinen Mädchen kommen und ihr erklären, dass es zu dieser wunderbaren Puppe auch noch Freundinnen und Freunde und Kleider und Hüte und Schuhe und Hunde und Autos und und und gibt. Und, dass man wirklich alles haben muss, damit man gut spielen kann und Barbie glücklich und zufrieden ist. Aber glauben Sie mir, man muss nicht alles kaufen, denn man kann fast alles selbst basteln und schon macht eine Barbie gleich wieder viel mehr Sinn. Man bastelt zusammen, setzt Ideen um und ist am Ende mächtig stolz auf das Ergebnis (hoffe ich zumindest).

Wussten Sie, dass Ken auch eine Barbiepuppe ist und keine Kenpuppe? Ob ihn das ärgert? Und wussten Sie, dass es mittlerweile auch echte Stars unter den Barbies gibt wie Madonna, Lady Gaga oder Robert Pattinson, die als Barbies verwirklicht wurden? Die Idee zu Barbie stammt von dem Ehepaar Ruth und Elliott Handler, die 1945 die Firma Mattel gründeten. Ausgehend von der Ankleidepuppe, mit der Handlers Tochter Barbara gerne spielte, wollten die beiden eine Puppe auf den Markt bringen, die einem Mannequin glich. Ruth Handler entdeckte eine ähnliche Puppe auf einer Reise in Luzern im Schaufenster und kaufte sie. Es handelte sich um eine Bild-Lilli, eine Comcfigur, die Reinhard Beuthin seit 1952 für die BILD-Zeitung zeichnete. Am 9. März 1959 wurde die erste Mattel-Puppe auf der American Toy Fair in New York präsentiert. Benannt wurde sie nach der Tochter der Händlers: Barbie – Barbara. Im Laufe der Zeit veränderte sich Barbie, je nach aktuellem Modetrend. Mal wurden die Hüften etwas breiter, der Mund leicht geöffnet, dann die Beine länger und sie bekam ein breiteres Lächeln. Mit den Jahren wurde Barbie immer beweglicher und bald schon konnte sie die Knie zum Sitzen einknicken (erinnern Sie sich an das Geräusch? Knick knick?) Die ersten Barbies wurden meist im Badeanzug verkauft, weshalb natürlich unbedingt und möglichst schnell Kleidung angeschafft werden musste. Ein schlauer Schachzug der Firma (die haben natürlich damals noch nicht mit mir gerechnet und meiner superduper selbstgenähten Barbiemode – haha!)

Meine erste Barbie war übrigens die Schönheitsbarbie mit einem Krönchen – ich weiß noch, wie bezaubert ich von ihr war. Später kam bald Hawaibarbie dazu mit Bastrock und Blumenkette.

Die beiden wurden unzertrennliche Freunde und zum Glück wohnten Big Jim und seine Freunde nur ein Kinderzimmer weiter. Nur ein paar Minuten entfernt. Und dann kamen bald Skipper, Tutti und Todd dazu. Ach ja, und Shelly natürlich. Im Nachhinein muss ich gestehen, ich war ein richtiges Barbiespielmädchen.

Die Statistik sagt, dass weltweit pro Sekunde drei Barbiepuppen verkauft werden – das muss man sich mal vorstellen!!! Und wussten Sie, dass Barbie mit vollem Namen Barbara Millicent Roberts heißt? Und nachdem Wissenschaftler Barbies Maße auf einen Menschen übertrugen, kamen sie zu dem Schuss, dass ein Mensch mit Barbiemaßen nicht überleben könnte. Na so was!

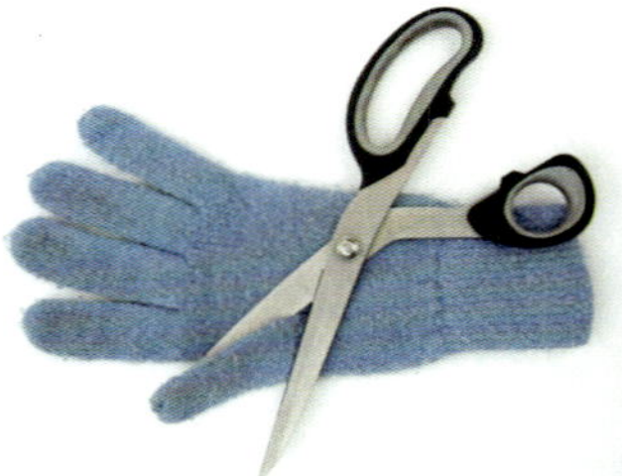

Barbiekleidung selbst genäht

Ich glaube, ich verstehe jetzt, warum Barbiekleidung so teuer ist. Wer kann schon so klitzekleine Ärmel und Hosen nähen? Das müssen Spezialbarbienähmaschinen und Schneiderinnen mit klitzekleinen Händen sein. Anders ist das nicht vorzustellen. Nach vielen eigenen Versuchen, Barbiekleidung herzustellen kam mir die rettende Idee. Handschuhe!

So begann eine neue Barbiemodekreation. Ich nenne sie: „die 5-Minuten-Handschuh-Mode" und habe beschlossen, dass selbst genähte Barbiemode auch nicht länger dauern darf.

Die nun folgende Barbiekleidung besteht aus alten Wollfingerhandschuhen, weißen Baumwollhandschuhen aus der Apotheke (zwischen 2 und 3 Euro), alten Sportsocken, alten Pulliärmeln und Filz.

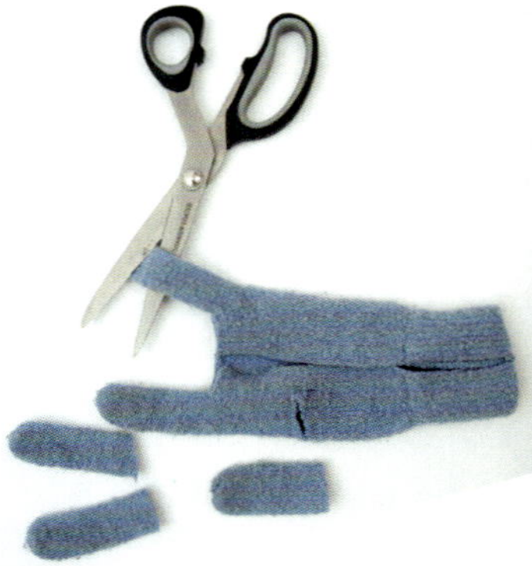

Jacke/Mantel aus Wollhandschuhen

Schneiden Sie vom Handschuh Daumen, Mittel- und Ringfinger ab. Die Verbindung zwischen Mittel- und Ringfinger bitte ebenfalls durchtrennen, da sonst Barbies Kopf nicht durchpasst. Jetzt schneiden Sie in die Handschuhvorderseite einen Schlitz, wenn es ein Pulli werden soll bzw. schneiden sie ganz durch, wenn Sie eine Jacke haben wollen. Jetzt kann man noch an die Schultern zwei klitzekleine Nähte anbringen, damit der Halsausschnitt nicht zu groß wird. Fertig ist Barbies neue Jacke, Pulli oder Mantel.

BARBIE

Das Gleiche kann man nun mit weißen Baumwollhandschuhen aus der Apotheke machen, und schon hat man ein schickes Longshirt zum Drunterziehen.

Aus den übrig gebliebenen Handschuhfingern kann man noch eine Leggings für Barbie nähen – vorausgesetzt, die Finger des Handschuhs sind weit genug, für Barbies Beine und Hüften. Und manch ein abgeschnittener Handschuhdaumen gibt einen lustigen, modischen Hut (der letzte Schrei!).

Wollkleid

Schneiden Sie einen Ärmel eines alten Pullis in Barbiekleidlänge (ca. 30 cm) ab. Schneiden Sie auf der oberen Seite kleine Armausschnitte und einen Schlitz für den Kopfausschnitt hinein und verbinden Sie nun mit zwei kleinen Nähten die Schultern. Fertig ist das schicke Barbiekleid. So lassen sich auch ein kurzes Kleid, ein bodenlanges Kleid oder ein Pullover herstellen.

Hut und Tasche

Lassen sich aus Filz, aber auch aus allen anderen Stoffen – alten Sofastoffen oder Stoffen aus Stoffmusterbüchern nähen. Das macht so viel Spaß! Wie wäre es mit einer ganzen Hut- oder Taschenkollektion?

Außerdem bekam Barbie noch eine schicke Weste aus einem alten Schal, eine Mütze aus einem Pulli, einen Schal aus einem geringelten alten Unterhemd, ein T-Shirt aus einer Socke und eine Jeans aus einer alten Jeans. Die war allerdings ohne Abnäher, also einfach zwei Hosenformen aufeinanderlegen und links auf links zusammennähen, dann umstülpen und einen Schlitz hinten oben an der Taille hineinschneiden – denn da wird Barbie wieder schlanker. Am Schlitz auf jeder Seite einen Klettverschluss annähen, damit die Hose nicht herunterrutscht. Fertig.

Auch Barbieschlösser, Barbiehäuser, Barbiemöbel wie Betten, Stühle, Tische, Schränke etc., Barbieautos, Pferdeställe usw. lassen sich gut selbst machen. Und das schöne, es macht sogar Spaß!

Wir haben uns für einen Barbie-Hippie-Bus entschieden, damit Barbie mit all ihren Barbiefreundinnen und Shellys und Kens durch die Welt fahren kann.

Barbiebus

Sie brauchen:

- 1 große Kiste, die in etwa wie ein Bus aussieht
- 4 runde leere Schmelzkäsekisten für die Räder
- Cutter, Schere, Klebeband, Papier, Pappe, Kistchen für die Innensitze
- Stoffe
- Sichthüllen für die Fenster
- Alufolie
- leere Teelichter für die Scheinwerfer

Und so gehen Sie vor:

1. Mit dem Lineal Fensterumrisse aufmalen, damit alles schön gerade wird. Mit dem Cutter die „Frontscheibe" schneiden, aber nur an drei Seiten, sodass man sie nach hinten klappen kann.

2. An den vorgezeichneten Konturen die Seiten- und Rückscheiben komplett ausschneiden.

3. Den Deckel der Kiste etwas in der Länge kürzen, damit er als Dach auf den Bus passt. Den Deckel evtl. mit farbigem oder weißem Papier umkleben. (Auch selbstklebende Folie eignet sich gut, dann spart man Kleber und das Kleben um die Kanten geht leichter.) Wenn man möchte, kann man noch einen Gepäckträger aus einem Karton oder einen kleinen Rost oben draufsetzen, damit Barbies Kleiderkoffer gut verstaut werden können.

4. Eine Tür hineinschneiden, herausnehmen und mit einem Klebeband wieder so im Türrahmen ankleben, dass sich die Türe öffnen lässt.

5. Die vier Käseschachteln halbieren und als Räder unten an den Karton kleben. Außerdem aus Pappkarton Stützen zwischen die Räder unter den Bus kleben, da die Räder allein das Gewicht von mehreren Barbies mit Gepäck wahrscheinlich nicht lange halten. Für die Radkappe Räder mit Alufolie bekleben und das Rad schwarz anmalen.

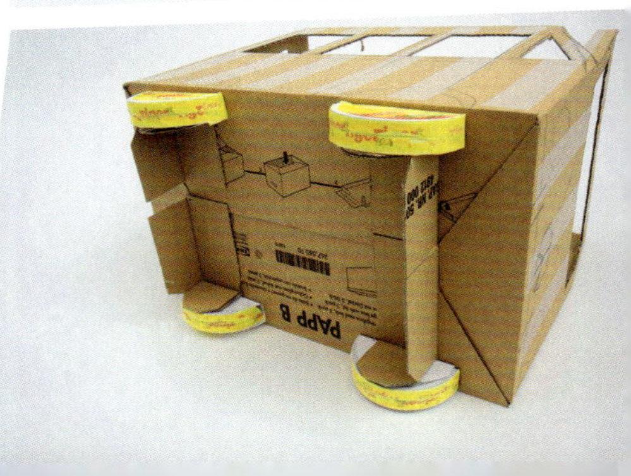

6. Jetzt den gesamten Bus mit Geschenkpapier oder einfarbigem Tonpapier oder selbstklebender Folie umkleben – ganz nach Geschmack, vielleicht auch mit Blumen und Love-and-Peace-Schriften verzieren. Den oberen Teil der Fenster habe ich mit farbigem Buchbindeband umklebt.

7. „Lichter" aus leeren Teelichtern anbringen und Stoßstange aus Alufolie ankleben.

8. Nummernschild aus Papier ausschneiden, Nummer ausdenken, daraufschreiben und am Bus befestigen.

9. Inneneinrichtung: Aus Pappkartons kann man ganz leicht Bänke herstellen. Damit es Barbie weicher hat, können diese noch mit Schaumstoff ausgelegt und mit Stoffen umklebt werden.

10. Fehlt nur noch das Armaturenbrett. Wenn es Ihnen genauso geht wie mir, und sie keine Ahnung haben, wie man sowas bastelt, dann schneiden Sie einfach aus einer Autozeitschrift eine Armatur mit Lenkrad aus – zur Not wird Sie etwas vergrößert, damit die Proportionen passen. Dann kleben Sie diese Armatur einfach auf ein Stück Karton und diesen dann in das Auto hinein.

Nun ist der Bus bereit und Barbie kann mit ihren Freundinnen einsteigen – gute Fahrt, Barbie!

Der Feenbaum

Dazu braucht man:

- 1 großen, schön verzweigten Ast oder mehrere schön verzweigte Äste (je nachdem, wieviel Platz der Feenbaum im Kinderzimmer einnehmen darf)
- 1 Weihnachtsbaumständer, oder 1 selbst gebastelten Weihnachtsbaumständer (siehe Skizze)
- evtl. Gewebeklebeband
- weiße, blaue, grüne und goldene Acrylfarbe

Werkzeug:

- Gartenschere, Pinsel, Häkelnadel, Schere, Alleskleber

Am schönsten ist es, wenn man den Feenbaum bei einem Spaziergang im Park oder Wald findet. Oft liegen vom Sturm abgerissene Äste am Boden oder die Gärtner haben den Frühjahrsschnitt angelegt.

Der Ast wird zu Hause gereinigt, getrocknet und in Form geschnitten. (Das klingt ja fast wie ein Friseurbesuch: einmal waschen, schneiden, föhnen bitte!)

Dann kann der Ast oder die Äste schon fixiert werden. Wenn Sie mehre Äste haben, sollten Sie diese mit einem starken Gewebeband aneinanderkleben, bevor sie im Christbaumständer festgeschraubt werden.

Den Feenbaum mit weißer Farbe streichen. Ist der weiße Anstrich getrocknet, können einige Stellen und Spitzen mit einem Grünton (ich habe grün, blau und weiß gemischt und ein zartes türkis bekommen) und mit Gold bestrichen werden.

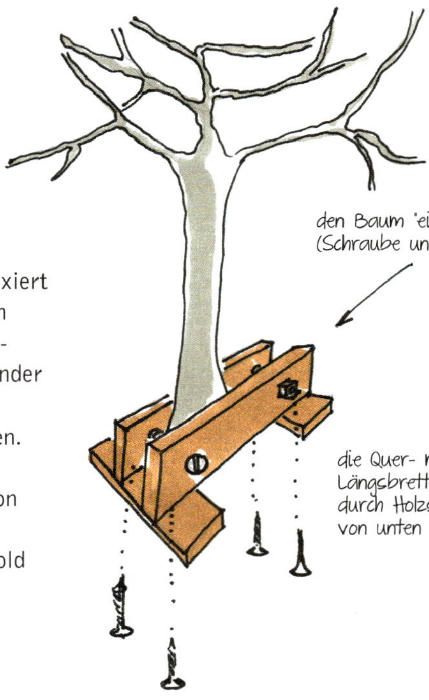

Schlaf- und Wohnkugeln

Dazu braucht man:

- durchsichtige Plexiglaskugeln in verschiedenen Größen aus dem Bastelladen (entsprechend der Größe der Bewohner!)
- grüne, feine Wolle, Kupferdraht (gold, 0,3 mm)
- Angelsehne

Werkzeug:

- Häckelnadel

Der erste Feenbaum, den ich für meine Tochter gebaut habe, hatte Wohnkugeln aus Papierkugeln ähnlich dem Nixenpalast im Aquarium. Nach längerer Hängezeit wurden diese Kugeln leider immer unförmig. Deshalb entschied ich mich diesmal für eine stabile Grundform:

Die Kugelhälften werden so zusammengesetzt, dass ein Viertel der Kugel offen steht. Die Plexiglaskugeln werden mit feiner Wolle oder Kupferdraht eingehäkelt. Dafür kann die Basis-Häkeltechnik, die in diesem Buch beschrieben wird, angewendet werden (siehe Skizze Seite 57). Es ist wirklich nicht schwer! Zuerst häkelt man im Kreis und nimmt je nach Kugeldicke entsprechend viele Maschen zu und dann wieder ab. Man kann auch in einigen Reihen etwas lockerer häkeln (Stäbchenmuster), sodass die Kugel an manchen Stellen durchscheinender ist, an anderen Stellen dichter. Es kommt gar nicht so sehr auf die Genauigkeit an – es ist doch ein wild gewachsener Feenbaum! Wichtig ist, dass man vor lauter Begeisterung nicht vergisst, ein Einstiegsloch für die Bewohner offen zu lassen. Zum Schluss durch die obere Öse der Plexiglaskugel eine Angelsehne ziehen und am Baum aufhängen.

Damit die Feen schön kuschelig wohnen, wird noch Märchenwolle in die Kugeln gefüllt. Mit kleinen Glöckchen kann man die Feen herausklingeln.

Möblierung

Dazu braucht man:

- ca. 3 mm dickes Sperrholz
- Papprollen (Küchenpapierrolle)
- Puppenhausmöbel aus dem Fundus
- Silberdraht (0,4 mm)
- Angelsehne
- buntes Transparentpapier für Blätter und Blüten (oder Blütenreste vom Blumenkettenbasteln)
- Spitzendeckchen oder andere feengleiche Stoffreste

Werkzeug:

- Schere, Alleskleber
- evtl. Nähzeug

Jetzt kann der Feenbaum nach Belieben, Möglichkeit und Fundus möbliert werden. Vorhandene Puppenhausmöbel können angebaut werden, indem sie mit Silberdraht und Angelsehne fixiert werden. Andere Möbel, wie bei Hannahs Feenbaum der Tisch und die Hängesofas, werden aus Holz und Papprollen zurechtgeschnitten. Man kann diese mit Stoff bekleben oder bemalen.

Damit der Feenbaum auch schön begrünt wird, habe ich Blätter und Blüten aus Papier ausgeschnitten und an der Nähmaschine aneinander genäht. Wichtig ist dabei eine große Stichlänge und langsames Nähen. Natürlich können Sie dies auch per Hand nähen. Diese Girlanden zwischen die Äste hängen. Einige große Blätter können auch als Vorhang vor den Kugeln oder Duschvorhang dienen!

Ein Spitzendeckchen wurde als Baldachin und ein anderes als Hängematte aufgehängt. Besonders schön finde ich die mit Perlen verzierten Schnüre, die überall herunterhängen. Haben sie noch kleine Spiegel, Körbchen, Geschirr ...?

Viel Spaß beim Einzug und Spielen!

Die Puppenküche

Dazu braucht man:

- 1 ausrangierten Puppenkleiderschrank oder 1 Badezimmerschrank in ähnlicher Größe
- Weißlack, Acrylfarben (blau, weiß)
- festes weißes Papier
- festes Geschenkpapier oder Tapetenreste
- Modellbauparkett oder anderen Bodenbelag
- Buntpapier für Herdplatten, Deko-Kräutergarten und Maus
- Wäscheklammern oder kleine Handtuchhalter
- ca. 3 mm dicke Sperrholzplatten (für den Ofen und die Kühlschranktür)
- kleine Scharniere und passenden Schraubenzieher oder Gewebeklebeband
- 2 Getränkeverpackungsdrehverschlüsse
- Obstverpackungsschalen
- Moosgummi in schwarz oder dunkelbraun
- selbstklebende Magnetstreifen und einen dünnen Metallstreifen
- Mosaiksteine und Mosaiksteinkleber
- Büroklammern (gerne die runden, oder größere)

Für die Kücheneinrichtung:

- Holz- oder Plastikschälchen, kleine Schraubgläser
- Puppengeschirr und Spielzeugessen

Werkzeug:

- Schleifpapier, Pinsel, Allzweckkleber, Holzleim, Mosaiksteinkleber, Schere

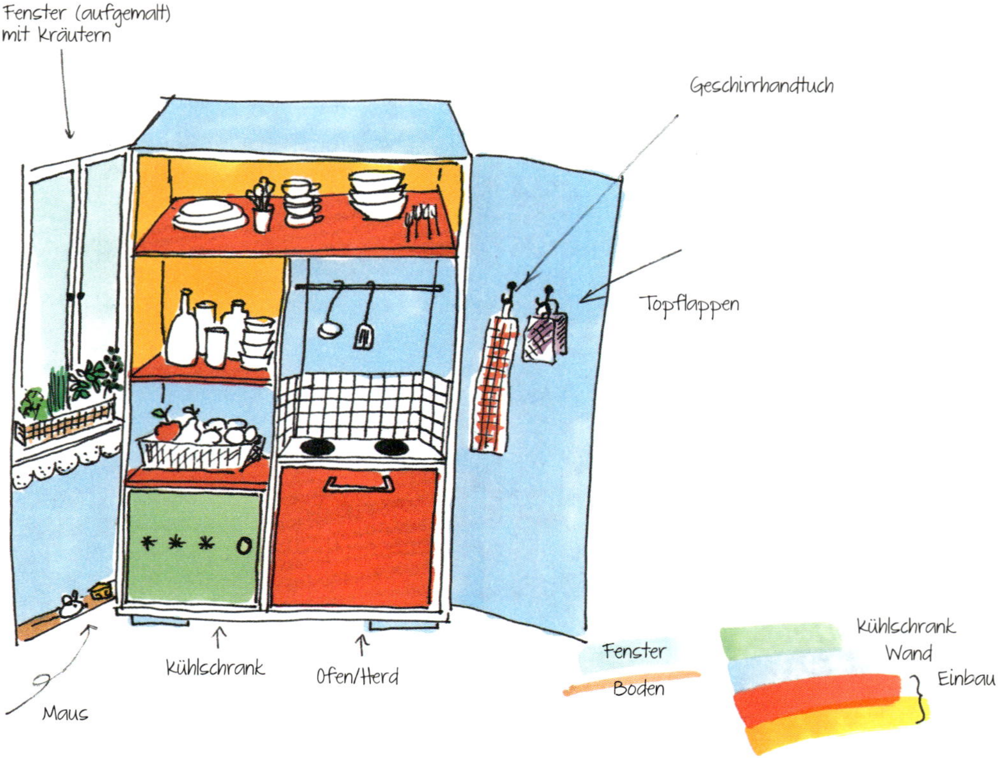

Ich habe den Puppenschrank außen erst einmal abgeschliffen und dann rundherum und innen mit Weißlack begemalt. Manche Regale habe ich an den Innenwänden mit Buntpapier beklebt. Eine Tür sollte die Außenwand mit Fenster und Kräutertopf auf der Fensterbank darstellen. Das Fenster habe ich auf ein entsprechend großes festes weißes Papier aufgemalt und anschließend auf die Tür geklebt.

Den Boden habe ich mit „Dielen" aus Modellbauholz versehen. Natürlich kann man sich auch einen Holzboden malen oder einen Flickenteppich stricken. Die Kräuter aus grünem Buntpapier haben eine kleine Schüssel bekommen, die ich dann auf die Fensterbank geklebt habe.

Die andere Türinnenseite habe ich mit Geschenkpapier im Retro-Look beklebt, passend zu meinem alten Puppenservice. Als Geschirrtuch- und Topflappenhalter habe ich zwei Holzwäscheklammern festgeklebt. Sie können dafür auch selbstklebende Handtuchhalter (vielleicht die mit den Blümchen?) nehmen.

Der Herd

Backofen und Herd musste ich erst einbauen. Also ein richtiger „Einbauherd"! Dafür die Maße nehmen und eine entsprechend große Platte aus Sperrholz schneiden. (Ein Cutter schafft das! Bitte achten Sie dabei auf eine rutschfeste Schneideunterlage und übernehmen Sie diese Arbeit!) Dann zeichnen Sie ein, auf welcher Höhe der Herd eingebaut werden soll.

Ebenfalls aus Sperrholz habe ich die Halterungen (zwei Streifen Holz, Tiefe nach Schrankgröße und Breite ca. 5 mm), auf denen der Herd zu liegen kommt, zugeschnitten und an den Seitenwänden festgeklebt.

Den Herd ebenfalls weiß lackieren, mit schwarzen Papierkreisen (Herdplatten) bekleben und auf die Halterungen auflegen.

Für die Herdklappe habe ich eine Holzleiste in Breite des Ofens zurechtgeschnitten (Tiefe 3 cm). Die Herdklappe ist ebenfalls eine Maßanfertigung aus Sperrholz. Die Vorderseite habe ich mit rotem Buntpapier beklebt und mit einer Holzkante verziert.

Die Holzleiste nun mit Holzleim am Herdboden festkleben. Als Drehknöpfe habe ich Verschlüsse von unseren Saftpackungen genommen. Austrinken, ausschneiden und auswaschen. Eine kleine Papierverkleidung ausschneiden und auf den Backofen kleben.

Damit die Backofenklappe nicht ständig herunterklappt, habe ich selbstklebende Magnetstreifen zurechtgeschnitten und an der Ofentür-, bzw. kante festgemacht.

Der Kühlschrank

Die Kühlschranktür, wie die Backofentür, abmessen, zurechtschneiden und einbauen. Im Kühlschrank haben kleine durchsichtige Plastikschälchen Platz, um das Puppengemüse frisch zu halten.

Die Kücheneinrichtung

Kleine Körbchen (meist kauft man Datteln, Physalis, oder ähnliches Obst darin) verwende ich, um weiteres Puppenobst appetitlich zu arrangieren. Kleine Gläschen (ehemals mit Kapern oder grünem Pfeffer gefüllt) werden mit Trockenlinsen, Nudeln und anderen haltbaren Naturalien gefüllt. Ein kleines Stoffquadrat und ein Schleifchen dazu. Voilà, das sieht doch sehr appetitlich aus.

Es ist noch genug Platz für Puppengeschirr und Töpfe.

Was es wohl zum Essen gibt?

Für kleine Schneiderinnen

„Ich hab nichts anzuziehen!" Manchmal glaube ich, dieser Satz wird mindestens 80 % aller Mädchen in die Wiege gelegt. Da steht man vor einem übervollen Kleiderschrank und findet nichts. Die Krise!!! Warum ist für Frauen die Kleiderfrage so wichtig? Warum lieben wir shoppen so viel mehr als Männer? Wie wird unser Schönheitsdenken durch die Medien beeinflusst? In jeder Zeitschrift sehen wir doch nur sportliche, drahtige, wunderschöne, perfekte Frauen.

Dieser Schönheitswahn! Und warum gibt es dieses anstrengende Schönheitsideal? Schlanke, wohlproportionierte Figur (rund an den richtigen Stellen, was leider selten vorkommt, meist ist man doch da rund, wo man es nicht möchte), tolle Haare (zumindest auf dem Kopf – woanders sind tolle Haare unerwünscht), ein wunderbarer Teint (die Vorlieben wechseln je nach Jahrhundert von der vornehmen Blässe bis hin zur sonnengebräunten Hawaibarbie). Wäre nicht alles viel einfacher, alle fänden es umso schöner, je mehr Haare unter den Achseln wachsen? Sätze wie: „Guck mal die Frau hat eine wunderbare Cellulite!" oder: „Ich beneide dich um deine hängenden Brüste!"

Wussten Sie, dass in der Renaissance ein Doppelkinn als attraktiv galt? So wandelt sich das Schönheitsideal immer wieder. Durfte Marilyn Monroe noch schöne Kurven haben, wollten einige Jahre später alle so dünn und plattbrüstig wie Twiggy sein. Und wenn ich Fotos von mir aus den 1980er- oder auch noch aus den 1990er-Jahren sehe, frage ich mich oft, wie ich so etwas nur anziehen konnte, obwohl ich mich genau erinnere, mich schick und trendy gefühlt zu haben. Heute fühle ich mich wieder schick. Wie wird es mir in zehn Jahren gehen, wenn ich ein Foto von mir sehe?

Jede Mode kommt wieder. Werden wir irgendwann auch wieder in Reifröcken durch die Straßen laufen? Wird es einmal Mode geben, die noch nie da war? Die Mode der Zukunft, wie sieht sie wohl aus? Und wie sieht wohl das Schönheitsideal der Zukunft aus?

Mädchen sind eitel! War das schon immer so? Aber wenn ich genau darüber nachdenke, gibt es in allen Kulturen, auch ohne Fernsehen und Modezeitschriften, Schönheitsideale. Sei es ein langer Hals, große Ohrringe, Piercings oder Tatoos.

Und auch in der Tierwelt macht man sich schön, um dem anderen Geschlecht zu gefallen. Denn warum schlägt der Pfau sonst sein Rad, warum plustert sich die Taube auf?

Stärken Sie das Selbstbewusstsein Ihrer Mädchen, es gibt diese abgedroschenen Sätze wie: „Schönheit ist nicht alles", „auf die innere Schönheit kommt es an" – und sie sind wahr! Jeder Mensch hat etwas besonders Schönes, was ihn ausmacht. Augen, Mund, Nase, Hände oder die Stimme. Jeder Mensch hat auch schöne Eigenschaften, die man nicht auf den ersten Blick sehen kann: „Ich finde es schön, wie du dich um Menschen kümmerst, denen es nicht gut geht." „Ich finde es schön, wenn du so in die Gegend schaust und träumst." „Es ist schön, wie du springen kannst." Und der wichtigste Satz von allen: „Es ist schön, dass ich dich habe!"

Handarbeiten

Leider hat das Wort Handarbeiten immer einen biederen Beigeschmack. Sagen Sie dieses Wort doch einmal laut vor sich hin, schmecken Sie es? Aber eigentlich sind Handarbeiten etwas wunderschönes. Und natürlich kommt es auf die Dinge an, die man damit macht. Ich verlange ja gar nicht von Ihnen, dass sie mit Ihrer Tochter eine Blumenampel knüpfen oder einen Topflappen häkeln. Mit Stricken, Häkeln und Nähen kann man ganz andere tolle Dinge machen, die kein bisschen bieder sind. Lassen Sie sich überraschen.

Reise durch die Geschichte der Mode

Unternehmen Sie mit ihrer Tochter doch mal eine Reise durch die Modezeit. Sehen Sie sich im Internet oder in Büchern an, was die Frauen in den verschiedenen Epochen getragen haben. Und wie sah man vor zehn Jahren aus – das ist noch gar nicht so lange her und trotzdem sieht man, dass es nicht heute ist. Wenn Sie Lust haben, legen Sie doch ein kleines Heft an. Drucken Sie Kleider aus dem Internet aus, kleben Sie sie gemeinsam hinein und schreiben die Zeit dazu, in der dieser Kleidungsstil modern war. So machen Sie mit Ihrer Tochter gleichzeitig eine kleine Modekunde.

MODE

Immer tragen was „in" ist?

Irgendwann geht es los. Da kommt das Kind von der Schule nach Hause mit den Worten: „Ich brauch so ein T-Shirt, das jetzt alle haben, das gibt es bei Blabla und kostet Blabla (so viel – oh mein Gott!) und ich brauche es, weil alle es haben und es total angesagt ist!"

Ich glaube, in bestimmten Lebensphasen braucht man auch manchmal ein Blablab von der Firma Blabla. Ich glaube aber auch, dass man erst einmal nachforschen könnte, ob es das nicht auch von der Firma Dingsbums gibt, weil es dort wesentlich billiger ist. Vielleicht könnte das Kind bei besonderen Modewünschen auch einen Teil des Preises vom Taschengeld mittragen.

Eine andere Möglichkeit wäre es, ein ähnliches T-Shirt selbst herzustellen und so zum Trendsetter in der Schule zu werden. Ihre Tochter könnte einige Mädchen der Klasse zu sich nach Hause einladen und sie gestalten zusammen neue Designs.

Vielleicht warten Sie mit dem Kauf auch ein, zwei Wochen, und – mit etwas Glück – ist genau dieses T-Shirt schon wieder aus der Mode. Oder, Ihr Kind hat festgestellt, dass nun wirklich alle so rumlaufen und es gar nichts Besonderes mehr ist.

Bestärken Sie Ihre Tochter darin, ihren eigenen Stil zu entwickeln. Ist es wirklich erstrebenswert, immer mit der Masse zu schwimmen? Um gegen den Strom zu schwimmen, braucht man allerdings eine große Portion Selbstbewusstsein.

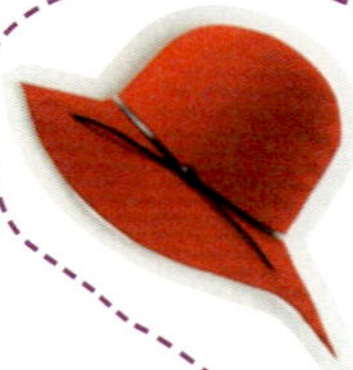

Kleiderordnung

Wenn es oft Diskussionen gibt, was morgens angezogen wird, treffen Sie mit ihrer Tochter klare Abmachungen.

Die Kleidung für den Tag wird bereits am Abend vorher herausgelegt. Kleidung, die man getragen hat, wird am Abend ordentlich über einen Stuhl, gefaltet in den Kleiderschrank oder, falls schmutzig, direkt in den Wäschekorb gelegt. Machen Sie ein Ritual daraus: zum Bettfertig machen, kommt direkt das Kleideraufräumen dazu. Beginnen Sie damit, wenn die Kinder noch klein sind, und zeigen Sie ihnen genau, wie man ein T-Shirt zusammenlegt oder ein Kleid aufhängt. Vielleicht darf das Kind einmal mit Ihnen gemeinsam bügeln, damit der Respekt vor gebügelten Kleidern oder Blusen wächst.

Für kleine Modepüppchen kann man die Innenseiten Ihrer Kleiderschranktüren mit Fotos der Lieblingsoutfits bekleben. So fällt manchmal die Entscheidung leichter.

Vielleicht sortieren Sie die Kleidung im Schrank nach Farben. Das sieht schön aus, ist übersichtlich und Ihre Tochter weiß gleich beim Aufräumen, wo etwas hinkommt.

Mamas Kleiderschrank

Ein Traum jeden Mädchens: in Mamas Kleiderschrank wühlen. Mittlerweile kann meine Tochter schon hier und da ein Teil aus meinem Schrank tragen. Ich habe nichts dagegen. Wenn wir zusammen „shoppen" gehen ist das ein echter Spaß, denn wenn ich früher ihr die Kleidungsstücke in die Umkleidekabine gebracht und sie beraten habe, ist es jetzt zum Teil schon umgekehrt. (Probier das mal an, Mama, das müsste dir gut stehen). Eine der schönsten Geburtstage meiner Tochter war der elfte, zu dem wir ein Candlelightdinner veranstalteten. Wir Großen deckten eine lange Tafel mit Kerzen, vielen Gläsern und noch mehr Besteck und kochten ein 3-Gänge-Menü für die kleinen Damen, die sich vorher mit meinen Abendkleidern und Stöckelschuhen herausgeputzt hatten. Da gehörten natürlich auch das Friesieren und Schminken dazu. Was für ein Gekicher und Geschnatter!

Bei unserem Fototermin mussten wir die Mädchen nicht lange bitten. Auch eine Einführung, was sie tun sollten für unser Foto, brauchten sie nicht. Wir konnten sie kaum halten: „Dürfen wir jetzt?" Nur das Ganze wieder zu stoppen, als wir bereits doppelt so viele Fotos gemacht hatten, als wir wollten, war nicht leicht. Die Mädels hätten ewig so weiter machen können. Hier noch ein Hütchen, da noch ein Accessoire ... Richtige Mädchen eben!

Modenschau

Das macht den meisten Mädchen Spaß. Was man braucht: Einen verregneten Tag am Wochenende, Mamas Kleider- und Schuhschrank oder eine große Verkleidungskiste. Oder einfach Tücher und andere Stoffe, mit denen man Kleider kreieren kann. Und natürlich Musik. Jetzt geht es schon los. Jede sucht sich ein Outfit und darf den Catwalk laufen. Posen nicht vergessen!

Was man aus Strumpfhosen und Socken alles machen kann

Wenn die Kinder aus Strumpfhosen herauswachsen oder die Strümpfe Löcher haben, werfen Sie sie nicht gleich weg, denn man kann eine Menge Dinge daraus machen.

Zum Beispiel:

- Handstulpen
- Beinstulpen
- Leggins

— Man kann sie auch über leere Marmeladen- oder Kirschgläser ziehen und hat so gleich schöne Vasen kreiert.

— Sie lassen sich über Konservendosen ziehen, und geben ein schönes Behältnis für Stifte oder Topfpflanzen.

— Aus Strümpfen kann man Puppenkleider nähen, da die Beinbreite ungefähr dem Körper einiger Puppen entspricht.

— Aus Strümpfen oder Kindersocken lassen sich Handytaschen basteln oder Schutzhüllen für den iPod und den MP3-Player.

— Auch mein geliebtes Sockentheater darf nicht unerwähnt bleiben.

— Beim Fahrradpimpen (siehe Seite 75) kann man die Socken auch über die Griffe des Lenkrades ziehen. Das sieht besonders lustig aus, wenn die Strümpfe auch noch bunt geringelt sind.

— Aus Socken lassen sich tolle Sockenbälle nähen, die man mit anderen (also den hässlicheren Socken) und mit Füllwatte ausstopfen kann.

— Aus einer geringelten Strumpfhose kann eine Schlange werden, die als Türstopper, Wärmedämmung im Winter am Fenster oder als Kuschelfreund dient.

— Oder Sie nähen Sockentiere wie unser Pferd Socke. Eigentlich müsste es Strumpfhose heißen, weil es aus einer alten Kinderstrumpfhose gemacht ist, aber Strumpfhose klingt nicht so schön.

Pferd Socke

Die Strumpfhose auseinanderschneiden: das „Gesäßteil" wird der Körper (bei unserer Strumpfhose ca. 23 x 23 cm). Ein Fußteil mit ca. 15 cm langem Bein abschneiden – das wird der Kopf. Aus dem anderen Bein werden nun vier dünnere Pferdebeine zu ca. 30 cm Länge geschnitten. Die Fußspitze dieses Strumpfbeines wird ebenfalls geteilt und ergibt dann die zwei Pferdeohren. Jetzt kann man den Kopf und den Körper bereits mit Füllwatte ausstopfen und die offenen Nähte zunähen. Die Beine näht man nun auf links zusammen, stülpt sie um und füllt Sie ebenfalls mit Füllwatte. Jetzt können Sie die Füße des Pferdes noch mit einem Stück Wolle abbinden oder sie zu einem richtigen Fuß nach vorne umstülpen und mit Nadel und Faden den Abnäher so setzen, dass die Fußform bestehen bleibt. Jetzt werden Beine und Kopf an den Körper genäht.

Nun noch die Ohren annähen und mit einem schwarzen Garn zwei Augen sticken. Mähne und Schweif des Pferdes stammen bei mir mal wieder aus Flickenteppichen. Die sehen so lustig aus. Fertig ist Socke: Wihahahahaa!

Also, wenn Sie sich jetzt auf die Socken machen und alten Socken ein zweites Leben in ihrer Familie schenken, werden Sie und Ihre Socken ganz von den Socken sein.

Schuhe

Manchmal glaube ich, ich bin gar keine vollwertige Frau, denn ich interessiere mich nicht besonders für Schuhe. Es zieht mich auch nicht in jedes Schuhgeschäft und Schuhe kaufen macht mir keinen besonderen Spaß. Was für andere Frauen die Schuhgeschäfte sind, sind für mich Buchhandlungen. An ihnen kann ich nicht vorbeigehen. Eine unsichtbare Kraft packt mich und schon bin ich drin, ob ich will oder nicht. So muss es Millionen Frauen mit Schuhgeschäften gehen. Sie werden wie ein Magnet angezogen und kommen meist erst wieder mit mindestens einem Karton Schuhe heraus.

Pimp it – ganz egal was!

Am tollsten ist das Kleidungpimpen: Aus alt mach neu. Aus out mach in. Aus altmodisch modisch.

Werfen Sie Kleidung, die nicht mehr passt, nicht mehr gefällt oder kaputt ist, nicht sofort weg. Sammeln Sie sie eine zeitlang, um sie im Nähclub oder an einem verregneten Nachmittag aufzupimpen.

Und wie geht das?

Pimp up-Kleidung

- Hosen, Röcke, T-Shirts, Pullis, Jacken … (Kleidung, die passt und am besten einfarbig ist)
- Stoffreste, Wollreste
- Nähgarn
- Perlen, Knöpfe

Werkzeug:

- Stoffschere, Nähmaschine, Häkelnadeln, Nähnadeln

Als ich anfing, den Kleiderschrank meiner Tochter nach unifarbenen Kleidungsstücken zu durchwühlen, war sie sofort dabei. Dieses T-Shirt, diese Hose, der Rock auch. Ja, alles konnte noch einen individuellen Touch gebrauchen.

Ich bat meine Tochter, doch gleich ein paar Ideen aufzuzeichnen und sie zu den entsprechenden Kleidungsstücken zu legen. Ich war begeistert, mit wieviel Spaß und Ausdauer sie sich gleich an die Arbeit machte.

Nach den Zeichnungen meiner Tochter habe ich vergrößerte Detailskizzen angefertigt und zur Probe auf das Kleidungsstück gelegt. Ist das von der Größe gut, fehlt noch eine Figur? So kann man sich schon ganz gut vorstellen, wie es mal aussehen wird.

Jetzt sucht man sich die passenden Stoffreste zusammen und schneidet sie nach den Vorlagen zurecht. Manche Dinge können auch gehäkelt werden, wie zum Beispiel eine kreisrunde Sonne.

Je nach Größe der Applikationen kann man diese mit der Nähmaschine im Zick-Zack-Muster oder mit der Hand festnähen. Details können noch dazugestickt oder mit Perlen verziert werden. Kleine Hosentaschenbewohner habe ich extra genäht und im Hosentaschenhaus einquartiert.

Was und wie Sie die Kleidungsstücke verschönern, bleibt ihrer Fantasie überlassen. Probieren Sie verschiedene Materialien und Techniken aus. Sie können auch etwas nähen oder häkeln, bevor Sie es auf das Kleidungsstück applizieren.

Paulis T-Shirt-Gepimpe

Was Pauli aus ihren alten T-Shirts gemacht hat, erklärt sie am besten selbst. Ich wollte ihr eine Seite schenken, die heißt: „Tür auf – Pauli und alte T-Shirts rein – Tür zu – Tür wieder auf trara!“

Und was ist rausgekommen? Eine glücklich grinsende Pauli und viele neue Klamotten:

Pauli:
Ich habe mir zuerst alle alten T-Shirts und ausrangierten Kleidungsstücke nebeneinander auf den Boden gelegt, um zu sehen, was für Material ich habe. Dann sind mir schon ein paar Ideen gekommen. Zum Beispiel ein Schal aus Socken. Zuerst habe ich die Fußteile der Socken abgeschnitten, sodass die Knöchelteile übrig blieben. Die hab ich einfach wild und kunterbunt mit der Nähmaschine aneinander genäht und fertig war mein Schal.

Dann schnitt ich aus einigen T-Shirts die Motive vorne aus und nähte mir eine Flickentasche. Der Henkel der Tasche war aus geflochtenen T-Shirt-Stoffbändern, wie sie bei den Krönchen auch schon beschrieben werden (siehe Seite 83). Diese Bänder nahm ich auch noch als Gürtel für meine Jeans, als Borte um ein altes T-Shirt, als Haarband und auch als Fußband mit Glöckchen oder Armband, finde ich sie sehr schön. Dann ist da noch mein lustiges Streifenkleid. Dafür schnitt ich einfach einige verschiedenfarbige T-Shirts in Streifen und nähte die Streifen dann wieder zu einem neuen T-Shirt zusammen. Das ging ganz leicht und schnell.

Dann mein Rock: T-Shirt unterhalb der Ärmel abschneiden. Das könnte ja schon fast ein Rock sein, aber meistens ist der viel zu breit. Also beide Seitennähte wegschneiden und den Rock wieder zusammennähen, dass er nicht rutscht, wenn man ihn anzieht. Rechts und links auf halber Höhe von oben nach unten Schlitze lassen. Und Löcher an die Seiten der Schlitze schneiden. In diese kommen dann Bänder – ebenfalls aus einem T-Shirt gemacht – und so kann der Rock dann oben etwas enger zugeknotet werden. Und es sieht auch noch ganz lustig aus.

Meine gemütliche lange Mütze. Auch hierfür habe ich die T-Shirts in Streifen geschnitten, dann die Streifen durcheinander aneinander gelegt und daraus eine ewiglange Mütze genäht, indem ich einfach mit der Nähmaschine so genäht habe, dass die Mütze zum Ende hin immer schmaler wurde. Dann bekam die Mütze an der dünnsten Stelle noch einen Knoten, fertig!

Zwei Hütchen habe ich mir auch noch genäht. Dazu braucht man einen Schnittbogen, den man sich selbst anfertigen kann. Er besteht aus einem Oval, zwei Rechtecken und zwei Teilen in Bogenform, die als Krempe gedacht sind. Jetzt legt man das Schnittmuster auf verschiedene T-Shirts und schneidet die Formen mit einer kleinen Nahtzugabe aus. Dann näht man mit der Maschine erst die Rechtecke an das ovale Kopfteil, dann diese beiden an den schmalen Kanten zusammen, dann die Bögen an die Rechtecke und auch die Bögen an ihren schmalen Seiten zusammen. Ob die Nähte dabei innen oder außen sind, ist egal, denn beides sieht sehr hübsch aus. Jetzt kann man die Hutkrempe noch nach oben klappen und dort mit einem schmucken Blümchen oder etwas ähnlichem festnähen.

Dieses Hütchen sieht sicher immer wieder anders aus, je nachdem, welche Stoffe man dafür nimmt. Sicher eignet sich auch gut ein Baumwollstoff. Ich habe noch eines mit den Stoffmusterbögen von Sofastoffen gemacht.

Der Modedesignerclub

Haben Sie nicht Lust für ein paar Mädchen einen Modedesignclub zu gründen? Das geht so: Einmal pro Woche (vielleicht Freitag um 17 Uhr – das ist meist eine sehr gute Zeit) treffen sich alle bei Ihnen oder im Wechsel bei den anderen Müttern, und dann wird Mode entworfen. Zunächst auf dem Papier.

Zeichnen sie Umrisse von T-Shirts oder ganzen Modefiguren, kopieren sie und schon haben die Kinder gute Vorlagen, die sie nur noch mit ihren eigenen Designideen füllen müssen.

Man kann seine Ideen aufmalen, skizzieren oder mit Stoffen kleben. Dazu braucht man eine Fülle an Reststoffen. Gut eignen sich auch Stoffmusterbücher aus dem Möbelladen. (Die werfen die meist sowieso weg, also einfach freundlich fragen. Wenn es um Kinderbasteleien geht, geben die Möbelverkäufer sie gern her.)

Auch besondere Stoffe wie Tüll, Glitzerstoffe oder auch Pailletten, Bänder, Knöpfe etc. regen die Kreativität an.

Vielleicht gestaltet jedes Mädchen im Club erst einmal ein sogenanntes Moodboard. Ein Moodboard (englisch: Stimmungsbrett, gemeint ist ein Stimmungsbild) ist in diesem Fall dazu da, sich darüber klar zu werden, was ein Kleidungsstück ausdrücken soll. Solche Moodboards werden auch in der Werbung, in der Filmbranche, im Industriedesign, im Grafikdesign, in der Fotografie und in der Innenarchitektur verwendet.

Es handelt sich um einen großen Bogen Papier, auf dem Zeitungsausschnitte, kleine Stoffproben, Knöpfe, Bänder, Zeichnungen, kurze Texte angebracht werden, die die Stimmung, die Richtung des Produkts widergibt. Möchte ich zum Beispiel ein Sommerkleid im mediterranen Stil entwerfen, werde ich auf mein Moodboard Bilder von Muscheln, Möwen, Fischen und dazu blaue, beige und gelbe Stoffproben kleben. Vielleicht gibt es auch noch ein Gedicht oder einige Worte, die mich in dieser Richtung inspirieren. So kann ich mich in die richtige Stimmung für mein Design bringen. Ganz nebenbei sind diese Collagen auch noch wunderschön anzusehen. Ob sie später an der Wand landen oder in eine Modeclubmappe gelegt werden, bleibt den kleinen Designerinnen überlassen. Eine Varinate wäre es, jedes Kind im Club bekommt ein schönes Büchlein, in das Moodboards gezeichnet und geklebt werden.

Die kleinen Designerinnen können T-Shirts mit Stoffmalfarben bemalen oder ganz neue Mode entwerfen und nähen, dazu braucht man allerdings wirklich einige Nähmaschinen (evtl. bei Tanten, Omas und Nachbarn leihen) und ein paar Erwachsene, die sich mit Nähen auskennen. Wenn die Clubmitglieder jedoch lieber Plüschtiere oder Puppen designen – auch gut!

Einfach zu machen sind auch Handstulpen aus alten Strumpfhosen, die mit Pailletten, Bändern, Borten etc. dekoriert werden könnten.

Pimp up my Schuh

Man nehme: Alte Turnschuhe und verziere sie ganz nach Belieben. Zum Beispiel kann man sie mit Stofffarben einfach bemalen. Ob mit Herzen oder bunten Blumen oder Graffitischriften bleibt dem Schuhdesigner überlassen. Auf Turnschuhen kann man auch die ganze Klasse unterschreiben lassen wie auf einem Gipsbein.

Auf den ersten Schuh haben wir erst mit rosa Stofffarbe ein Karomuster gemalt, dann kleine bunte Aufnäher darauf aufgenäht. Die Aufnäher kann man mit verschiedenen Stoffen selbst machen, indem man aus bunt gemusterten Stoffen einzelne Muster herausschneidet und sie auf einfarbige Stoffe näht. Am schönsten sieht es aus, wenn man drei Schichten mit drei verschiedenen Stoffen macht, die farblich zusammenpassen. Am Schuhband ist übrigens noch eine Tüte befestigt.

Der zweite Schuh ist übersät von bunten Knöpfen. Knöpfe sind ganz schön teuer, deshalb streifen wir gern über Flohmärkte und halten nach Knöpfen Ausschau, einige davon sind mit Spraydosen rosa oder orange besprüht.

Dann gibt es noch den Engelsschuh. „Wir sind Engel mit nur einem Flügel. Um fliegen zu können müssen wir uns aneinander festhalten", habe ich mit Stoffstempelfarbe und kleinen Buchstabenstempeln darauf gestempelt. Dann habe ich noch einen kleinen Flügel aus einem alten Leintuch ausgeschnitten, diesen gedoppelt, zusammengenäht, mit Füllwatte gefüllt und aufgenäht. Eine alte Borte von einem noch älteren Kissen vervollständigte den Engelsschuh. Ach ja, nicht zu vergessen das Glöckchen vorne.

Als vierte Varinate sehen Sie einen aufgepimpten weißen Turnschuh. Wenn es feierliche Anlässe gibt, sucht man oft ewig nach den passenden Schuhen zum Kleid. Mit weißen Turnschuhen zu Hause, kann man sich diese Suche sparen. Verzieren Sie diesen Schuh doch einfach genau in der passenden Farbe zum Kleid mit kleinen Blümchen und Blättern. Die Blümchen sind aus Seidenstoff. Dazu schneidet man ca. 3 cm breite lange Bänder, verbindet sie mittig und näht sie mit der Nähmaschine zusammen. Jetzt wickelt man die Bahnen so auf, dass Knospen entstehen. Das heißt, unten werden sie ganz dicht und eng gepresst und oben dürfen sie etwas weiter aufstehen. Mit Nadel und Faden die Blüten unten fixieren und dann auf den Schuh nähen. Die Blätter sind aus Filz genäht und dann ebenfalls am Schuh angebracht.

Pimp up-Schirm

Noch können wir nicht aus Regen Sonne machen, aber immerhin können wir aus einem Regenschirm einen Sonnenschirm machen. Und das geht so:

Regenschirmbezug vom Schirm lösen. Ein Schirmstoffstück (ähnlich wie ein Kuchenstück) von den anderen abtrennen. So hat man ein Muster. Zählen Sie ab, wie viele es von diesen Regenschirmkuchenstückchen gibt (meist sind es acht), und nun können Sie das Muster auf den gewünschten Stoff/die gewünschten Stoffe legen und zuschneiden. Wollen Sie Applikationen aufnähen, ist es sinnvoll, diese erst auf die kleinen Stücke zu nähen, bevor man die Kuchenstücke wieder zu einem Schirm zusammen näht. Verzieren Sie nun den Schirm, wie sie es gern wollen.

Wir haben die Modelle rosaroter Rüschchentraum und Schmetterling geschaffen. Für das Schmetterlingsmodel habe ich ein altes Laken genommen und dies eingefärbt. (Ehrlich gesagt, sollte es himbeerrot werden, wurde aber leider ein seltsames orange – trotzdem sah es dann ganz nett aus). Auf die Kuchenstücke nähte ich kleine bunte Schmetterlinge. Dann wurden die einzelnen Stücke mit der Nähmaschine zusammengenäht und bekamen die ebenfalls eingefärbte Borte unten herum. Mit Stempel und normaler Stempelfarbe stempelte ich mein Lieblingsgedicht von Heinz Erhardt im Kreis herum auf den Schirm. Dann wurde der Stoff mit der Hand wieder auf den Schirm genäht.

Ob ein Schirm mit weißen Spitzen oder ganz vielen bunten Stoffen, ob mit applizierten Blumen oder Buchstaben dabei herauskommt – einen Schirm zu gestalten macht richtig Spaß.

Was man aus Zeitschriften alles machen kann

Ich mag keine Mädchenzeitschriften. Ich ärgere mich über die schlechte Qualität der Fotos und über Dinge, die angeblich irgendwelche Teenie-Stars gesagt oder getan haben sollen. Und unsere Mädchen glauben das alles. Ich hoffe, die Fotolovestorys sind lustig gemeint. Ich hoffe auch, alle Mädchen lachen darüber, denn sie sind einfach schrecklich. Gut, vielleicht brauchen unsere „Kids“, und vor allem die „Girls“, einen „Sommerflirttipp“, eine supercoole Starkette, die total krass Laune macht, eine „in und out-Liste“ damit sie wissen, was der Megatrend ist. Ich verstehe, ab einem gewissen Alter sind auch Schminktipps und Haarstylingtipps gefragt, und vielleicht ist es auch interessant, „was die Boys so anmacht“. Vielleicht geht es unseren „Girls“ gut, wenn sie durch einen Test endlich herausbekommen, welcher Bikinityp sie sind, und ob Sie bereit sind für einen Sommerflirt. Und sicher bringt so ein Magazin krass viel fun und heiße Games. Und vielleicht bekommt man auch einen sweet style, wenn man sich den Look holt, wie immer wieder angepriesen wird. Und ohne die Zeitschrift würde niemand wissen was LOL, OMG, HDGDL, CU oder SRY heißt. (Wissen Sie es? Laughing out loud, Oh my god, Hab dich ganz doll lieb und Sorry).

Und dann die „Extras“. Jupidu – die sind doch das Allerletzte. Egal ob Kettchen aus Plastik oder Lippenstift mit Allergieauslöser oder auch das kleine rosa Nagelset – alles Quatsch. Mein Vorschlag an alle Mädchenmagazinmacher: Wandelt die Extras in extra gute Qualität um. Wie wäre es mit einer Zeitschrift mit ein wenig Anspruch? Nett sollte sie sein, lustig zu lesen und informativ. Kann man nicht all die Dinge, die Mädchen interessieren auch in schön bekommen?

Schöne Fotos von Stars, gute Geschichten, liebevolle Ideen zum Pimpen der Kleidung, Erklärungen zu Modetrends. Inspirationen, die die Kreativität der Mädchen anregen, Kochtipps, und Infos über wie ich mich richtig und gesund ernähre. Es gibt doch (verdammt noch mal) so viele Dinge, die man in so eine Mädchenzeitschrift reinschreiben könnte.

Nicht, dass Sie mich falsch verstehen: Meine Tochter liest sie auch. Alle lesen sie. Und warum? Weil es nichts anderes gibt. Wie sollen die Mädchen einen guten Geschmack entwickeln, wenn diese Zeitschriften zum großen Teil geschmacklos sind? Sind die Fotos so schlecht, weil man sie billig einkauft. Und wenn das so ist, sind unsere Mädchen nicht mehr wert? Haben sie für einen Preis von ca. 2,60 Euro nicht etwas Besseres verdient?

Aber vielleicht liege ich ja falsch. Vielleicht gehören solche Magazine, genauso, wie sie sind, in eine bestimmte Lebensphase eines Mädchens. Dann entschuldige ich mich für alles und lobe all die schlauen Menschen, die das wissen und unseren Mädchen dabei helfen, selbstbewusste, selbstkritische junge Frauen zu werden. (Und wenn sie zufällig einen Verlag haben und vorhaben, eine wunderbare Mädchenzeitschrift herauszubringen – rufen sie mich an).

Ma petite boutique

Man muss nicht immer nähen können, um eine kleine Boutique zu eröffnen.

Das geht auch so:

— Aus Modezeitschriften und Versandkatalogen Kleidung ausschneiden.

— Sich selbst fotografieren oder bestehende Fotos in verschiedenen Größen ausdrucken oder abziehen lassen. Diese Fotos sollten Sie und die Mädchen möglichst im Ganzen zeigen und vielleicht sogar im Badeanzug, denn dann passt die Kleidung später besser. Außerdem hilft es, wenn die Person auf dem Foto relativ gerade steht.

— Fotos und ausgeschnittene Kleidung laminieren.

— Laminierte Figuren und Klamotten ausschneiden.

— Jetzt wird mit einem Karton ein kleiner Modeladen gebastelt.

— Mein kleiner Modeladen hat auf der Vorderseite ein Schaufenster, das mit einem Stück Sichthülle auf die Pappe geklebt wurde, und zwar nur rechts und links an den Rändern, damit man das Schaufenster ab und zu umgestalten kann. So kann man die schönsten Kleider von unten oder oben unter die Scheibe schieben.

— Die Tür und das Fenster sind Fotos, die ich aus dem Internet ausgedruckt habe. Auf die Tür stempelten wir noch ein OPEN, damit die Leute Bescheid wissen, und die Kiste ist mit Geschenkpapier bzw. Tapeten beklebt.

— Eine Einteilung innen in der Kiste lässt das Ganze wie einen kleinen Kleiderschrank aussehen. Und schon kann das Spielen beginnen. Es gibt Schuhe, Taschen, Westen, Blusen, Hosen, Kleider, Röcke und Hüte. Die laminierten Figuren können alles anprobieren und kaufen, wenn es ihnen passt und gefällt.

„Guten Tag, ich hätte gern was Schönes zum Anziehen!"
„Ja, gern, wie wäre es damit?"
„Ist das nicht ein Schlafanzug?"
„Richtig, aber es ist der neueste Schrei, von Promis und Modedesignern empfohlen!"
„Na, dann!"
„Und bequem ist es auch!"
„Nehm ich!"

Übrigens sieht es auch toll aus, die Kleidung zum Laminieren eng auf einen Bogen Laminierfolie zu legen und diese danach nicht zu zerschneiden, sondern als Tischset oder Bastelunterlage zu benutzen.

Mein kleiner Friseursalon

Nachdem Sie in der kleinen Boutique eingekauft haben, empfehle ich einen Gang zum Friseur gleich nebenan. Schneiden Sie aus Zeitschriften Frisuren von den Köpfen der Models und Stars aus. Dann drucken Sie Fotos von sich und Ihrer Familie in verschiedenen Größen aus. Laminieren Sie die Frisuren und Köpfe. Und schon kann der lustige Haartausch beginnen.

„Guten Tag, ich hätte gern neue Haare, was haben Sie denn so da?"
„Einen Dutt hätte ich im Angebot, oder wollen Sie es lieber wild?"

Das ist echt lustig und sehr simpel in der Herstellung. Ein tolles Geschenk für alle Patenkinder, Töchter und Nachbarsmädchen.

Basteln Sie sich eine schöne Mappe, in die alles hineinpasst.

Ordner und Mappen

Es ist sicher nichts Neues, wenn ich Ihnen erzähle, dass man Mappen mit augeschnittenen Bildern aus Zeitschriften bekleben kann – es ist einfach immer wieder schön. Ob Ordner, Hefte, Bücher oder Mappen – so machen das Ordnung halten und die Schule gleich viel mehr Spaß.

Alles was rosa ist

Auf diese Mappe wurden nur Ausschnitte geklebt, die rosa sind. Ob wild durcheinander geklebt oder etwas ordentlicher in kleinen Quadraten, wir finden diese Mappen sind wunderschön. Um rosa Dinge zu finden, muss man allerdings eine ganze Menge Zeitschriften durchstöbern. Hierfür sind die Mädchenmagazine gar nicht so schlecht.

Zum Schluss kann der Ordner außen noch mit selbst-klebender durchsichtiger Folie beklebt werden. Dies ist auf jeden Fall ratsam, wenn der Ordner in der Schultasche mitgenommen wird, denn sonst blättern die mühsam gesuchten Bilder bald ab.

Genau auf diese Weise lassen sich natürlich auch Bilder der Lieblingsstars oder der Lieblingstiere auf eine Mappe kleben.

Oder wie wäre es mit Fotos aller Freundinnen in kleinen Rahmen. Die Rahmen auf dieser Mappe sind zum Teil aus aus Tortenspitze und zum Teil aus Einrichtungskatalogen und Zeitschriften ausgeschnitten.

Die Mappe selbst besteht aus zwei Pappen, Geschenkpapier und farbigem Buchbinderklebeband. Zwei Bänder helfen beim Zusammenhalten, man kann allerdings auch einen Gummi über die gesamte Mappe ziehen – ebenfalls schick.

Collagen aus Zeitschriften sind einfach toll. Sie erinnern mich an ein Puzzle. Man kann fast nicht mehr aufhören, bis alles dort klebt, wo es kleben soll. Die verschiedenen Bilder verbinden sich bald zu einem großen Bild und sind nicht nur auf Mappen und Heften toll, sondern auch als Wandbilder. Absoluter Mädchenkram!

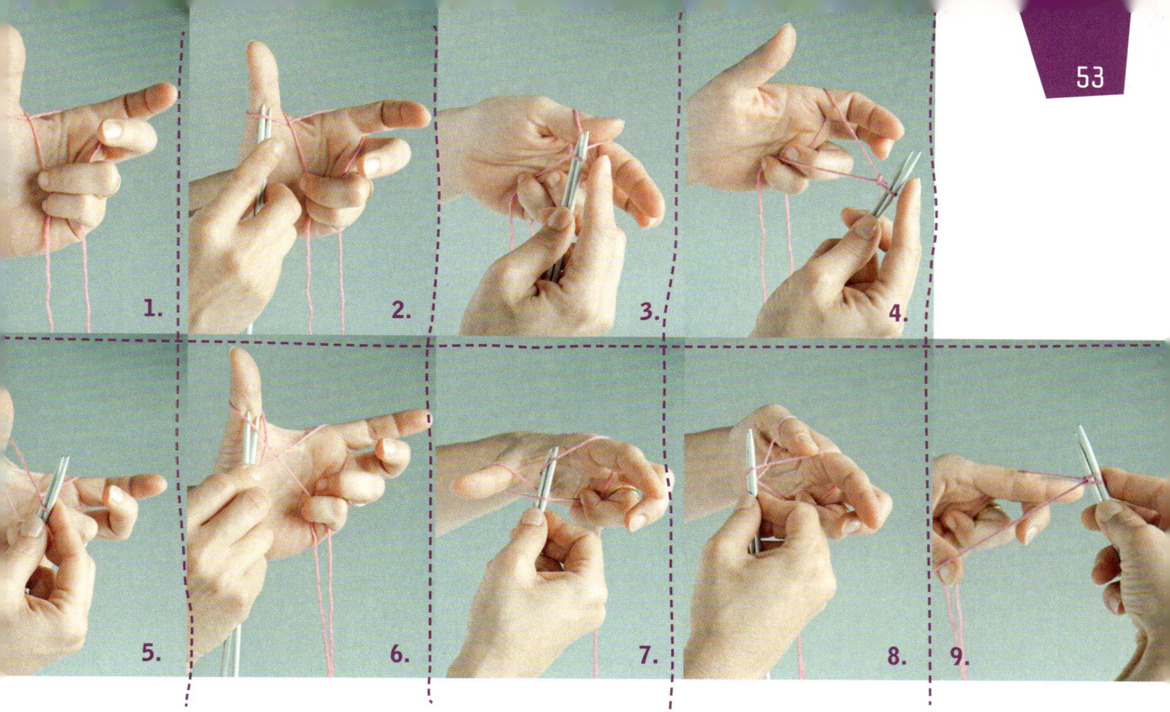

Basisanleitung Stricken

Wir fangen ganz einfach an: Man nehme Wolle, anfangs am besten glatte Wolle, da man die Maschen dann besser erkennen kann.

Die passenden Stricknadeln auswählen (welche Stricknadeln für welche Wolle geeignet sind, steht immer auf der Banderole des Wollknäuels) und los geht's.

Der Anschlag:

1. Ich wickle vom Wollknäuel einen Faden ab, der mindestens dreimal so lange ist wie die angestrebte Anschlagsbreite.

2. Ich spanne eine Schlinge um meinen linken Daumen und Zeigefinger. Der über dem Zeigefinger laufende Faden kommt vom Wollknäuel. Der um den Daumen laufende Faden führt zum langen, abgewickelten Fadenende.

3. Ich nehme zwei Stricknadeln in die rechte Hand und steche mit diesen von hinten in die Schlinge und ziehe den Faden etwas nach unten.

4. Ich führe den Faden des Zeigefingers durch die neu entstandene Schlinge und ziehe dabei das Fadenende straff. Jetzt liegt die erste Anschlagmasche auf der Nadel.

5. Ich lege das Fadenende wieder um den Daumen und den Faden, der zum Knäuel führt um den Zeigefinger. Ich führe die Nadeln von vorne durch die auf dem Daumen liegende Schlinge.

6. Jetzt wird der Faden des Zeigefingers durch die Daumschlinge gezogen. Ich ziehe den Daumen aus der Schlinge und gleichzeitig das Fadenende straff.

Punkt 5 und 6 so oft wiederholen, bis die gewünschte Maschenzahl angeschlagen ist.

Zum Schluss eine Stricknadel aus den angeschlagenen Maschen ziehen. Die anderen Maschen bleiben auf der anderen Nadel liegen!
Jetzt kann es weitergehen.

Rechte Maschen und linke Maschen

In der Hinreihe kann man rechte Maschen stricken, in der Rückreihe linke Maschen. Dann bekommt man zwei unterschiedliche Muster auf Vorder-, bzw. Rückseite.
Vorderseite: Glattes rechtes Muster
Rückseite: Rippenmuster
Man kann aber auch nur rechte Maschen stricken, dann bekommt man das **Muster „kraus rechts"**.

Rechte Maschen

Der Faden liegt hinter der linken Nadel. Ich steche mit der rechten Nadel von vorne in die nächste Masche auf der linken Nadel. Jetzt hole ich mit der rechten Nadel den Faden durch diese Masche. Dabei gleitet die neu entstandene Masche von der linken Nadel auf die rechte Nadel.

Linke Maschen

Der Faden liegt vor der rechten Nadel. Ich steche mit der rechten Nadel von rechts nach links (von oben nach unten) in die nächste Masche der linken Nadel. Ich ziehe den Faden von vorne nach hinten durch die Masche, die dabei entstehende Masche gleitet von der linken auf die rechte Nadel.

Randmasche

Eine saubere Kante ergibt sich, indem man die erste und die letzte Masche in jeder Hin- und Rückreihe rechts strickt.

Verschränkte Masche

Rechte und linke Maschen, die verdreht gestrickt werden, heißen verschränkte Maschen. Dafür steche ich von hinten in eine rechte oder linke Masche ein und stricke so die Masche von der linken Nadel auf die rechte Nadel ab.

Maschen zunehmen

Möchte man innerhalb einer Strickreihe Maschen zunehmen, bildet man aus dem Querfaden, der zwischen zwei Maschen liegt, eine neue Masche. Dafür hebe ich den Querfaden auf die linke Nadel. Jetzt stricke ich die Masche verschränkt (rechts oder links) ab.

Maschen an einer Seite zunehmen

Möchte man mehrere Maschen an einer Seite zunehmen, geht das nur am Ende einer Reihe, ohne den Faden abschneiden zu müssen. Ich lege für die neu anzuschlagenden Maschen den Faden in einer Schlinge um meinen linken Daumen. Die Nadel in der rechten Hand führe ich von unten nach oben durch diese Schlinge. Die neu entstandene Masche liegt auf der rechten Nadel. Ich ziehe den Faden straff.

Maschen abnehmen

Möchte ich innerhalb einer Reihe Maschen abnehmen, stricke ich jeweils zwei Maschen (rechts oder links) gemeinsam ab.

Maschen auf der linken Seite abnehmen

Soll ein Strickteil auf der linken Seite schmaler werden, müssen jeweils am Ende der Hinreihe Maschen abgenommen werden.
Dafür stricke ich am Ende der Hinreihe die letzten beiden Maschen vor der Randmasche zusammen:
Ich steche mit der rechten Nadel von vorne zuerst in die zweite, dann in die erste Masche auf der linken Nadel.
Ich hole den Faden mit der rechten Nadel durch beide Maschen, dabei gleiten beide Maschen von der linken Nadel. Auf der rechten Nadel liegt eine neue Masche.
Danach stricke ich die Randmasche normal rechts.
Das Grundmuster weiterstricken.
Die Abnahmen auf der Hinreihe so oft wiederholen, wie nötig.
Nicht immer wird in jeder Hinreihe eine Abnahme gemacht.
Manchmal sind die Abstände auch größer und die Abnahmekante wird länger.

… lauter Praktisches

Als meine Tochter das Häkeln gelernt hat, war sie verzweifelt, weil all ihre Bemühungen einen runden Topflappen zu häkeln, fehl schlugen. Es entstanden eine kleine Schale, eine Barbiemütze oder ein halber Ball – aber niemals ein glatter Topflappen. Die Tränen standen ihr bereits in den Augen, als ich dieses Funkeln entdeckte. Sie hatte eine Idee. Kurze Zeit später kam sie wieder mit ihrer einzigartigen gehäkelten Clownsnasenkollektion. Ich fand das großartig und versicherte ihr, dass ich Clownsnasen immer gut gebrauchen könnte – viel mehr als Topflappen.

Maschen auf der rechten Seite abnehmen

Soll ein Strickteil auf der rechten Seite schmaler werden, müssen jeweils am Beginn der Hinreihe Maschen abgenommen werden.

- Dafür stricke ich die erste Masche als Randmasche rechts.
- Dann hebe ich die zweite Masche auf die rechte Nadel, ohne sie zu stricken.
- Ich stricke die dritte Masche rechts ab und hebe danach die zweite (ungestrickte) Masche über die dritte Masche.
- Dann stricke ich im Grundmuster weiter.
- Erst bei der nächsten Hinreihe wiederhole ich die Abnahme.
- Auch hier gilt: nicht immer wird in jeder Hinreihe eine Abnahme gemacht. Manchmal sind die Abstände auch größer und die Abnahmekante wird länger.

Wenn man die verschiedenen Maschenarten kombiniert, entstehen unterschiedliche Muster.

Es gibt natürlich noch viele weitere Kniffe und Tricks, z. B. wie man Knopflöcher strickt, im Kreis, oder einen Zopf. Dafür müssten wir aber ein ganz eigenes Buch schreiben. Vielleicht finden Sie ja eine gute Freundin, Tante, Mama oder Oma, die Sie in die Geheimnisse der Strickwelt einführt. Zusammen macht das Stricken besonders viel Spaß!

Ich habe mal mit meiner Freundin Natalia im Zug nach Wien gesessen. Sie war hochschwanger und strickte an einem Jäckchen. Ich werkelte gerade an einer Weste für meinen Sohn, da stieg ein ziemlich knuffiger amerikanischer Rucksacktourist in unser Abteil. Ich dachte noch: „Auweia, der denkt bestimmt, er ist im Tantenabteil gelandet!" Denkste! Da packt dieser gut aussehende junge Mann sein Strickzeug aus mit einem verbotenen Grinsen im Gesicht und sagt: „O.k., let's knit!" Sein türkisblauer Schal war schon mindestens zwei Meter lang. Er war sicher schon eine Weile in Europa unterwegs. Wir hatten eine sehr lustige Fahrt.

Basisanleitung Häkeln

Man nehme Garn. Zu Beginn ist es einfacher, glattes Garn zu verwenden, da man die Maschen dann besser erkennen kann.

Die passende Häkelnadel auswählen (welche Häkelnadel für welches Garn geeignet ist, steht immer auf der Banderole des Garnknäuels) und los geht's.

Die Luftmaschenkette

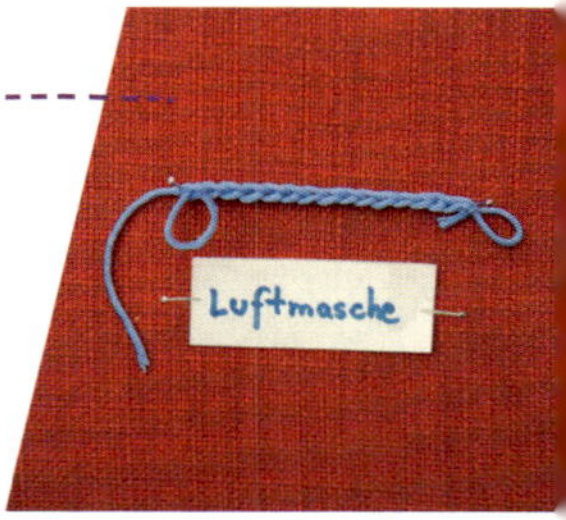

Eine Häkelarbeit beginnt man immer mit einer Luftmaschenkette.

— Für die erste Masche wickle ich mir den laufenden Faden um den linken Daumen. Dabei straffe ich den Faden mit dem linken Zeigefinger und bilde so eine Schlinge, durch die ich mit der Häkelnadel den fortlaufenden Faden hole.

— Ich wickle den Arbeitsfaden straff um meinen linken Zeigefinger. Die entstehende Luftmaschenkette halte ich straff mit Daumen und Mittelfinger fest.

— Mit der rechten Hand halte ich die Häkelnadel und führe diese durch die Masche, hole mir den Arbeitsfaden und ziehe diesen durch die Masche hindurch. Dabei entsteht die nächste Luftmasche.

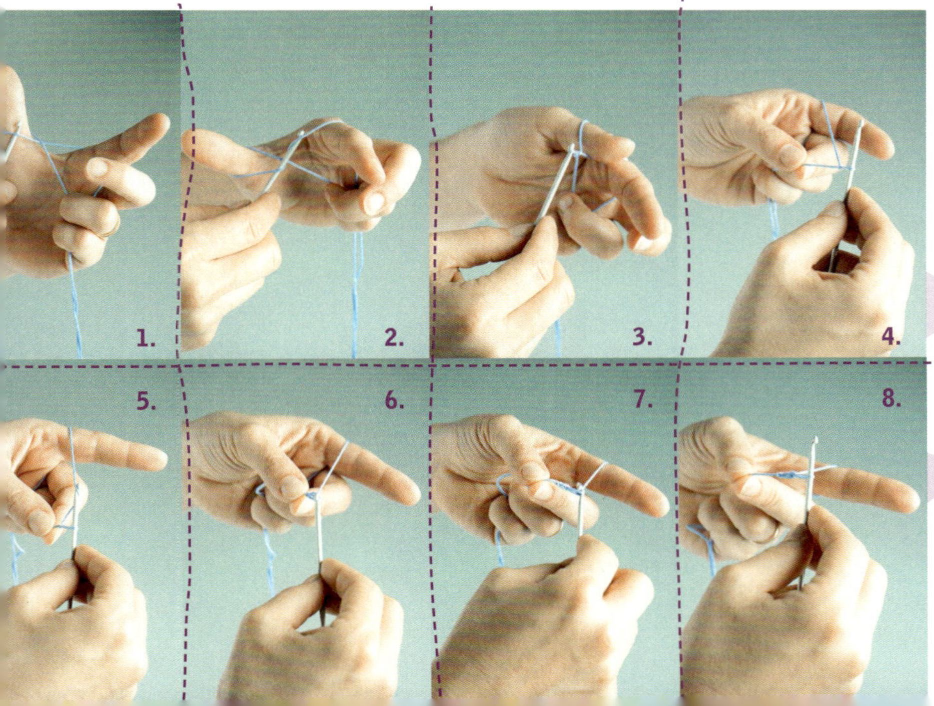

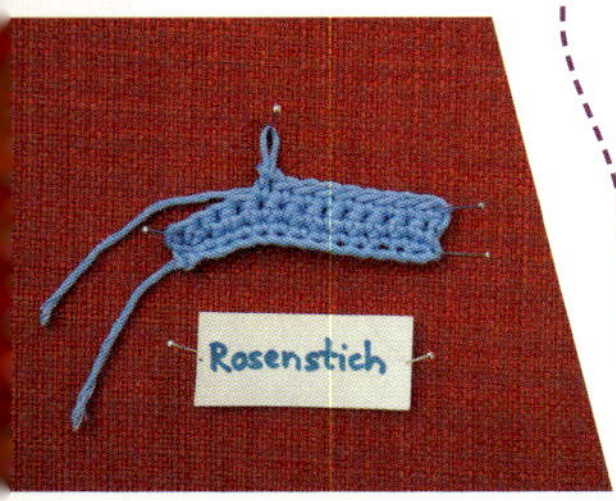

Hin- und Herreihen

Wenn man hin- und herhäkelt, folgt auf die Luftmaschenkette die Kettmasche.

Kettmasche

Ich steche von vorn in den oberen Teil der zweiten Luftmasche und hole den Arbeitsfaden durch diese Luftmaschenschlinge. Es entsteht eine neue Masche. Diese ziehe ich durch die Masche auf der Nadel hindurch. Am Ende der Reihe häkle ich eine Luftmasche und drehe die Arbeit um. Dann steche ich in die vorletzte Masche und so weiter.

Feste Maschen

Feste Maschen werden ähnlich wie die Kettmaschen gehäkelt: Ich steche vorne in die vorletzte Masche und hole mit der Häkelnadel den Arbeitsfaden. Jetzt habe ich zwei Maschen auf der Nadel. Dann hole ich erneut den Arbeitsfaden und ziehe diesen durch beide Maschen hindurch.

Rippenmuster

Steche ich nur in den hinteren Teil der Masche, erhalte ich ein Rippenmuster.

Rosenstichmuster

Steche ich in beide Maschenteile ein, erhalte ich das Rosenstichmuster.

Rundhäkeln

Für das Rundhäkeln mache ich eine kurze Luftmaschenkette, schließe diese mit einer Kettmasche zu einem Ring und fülle den Ring, je nach Muster, mit den betreffenden Maschen aus.

Stäbchen

Es gibt vier verschiedene Stäbchenmusterarten. Ich erkläre hier nur das „einfache" Stäbchen.

Ich häkle eine Luftmaschenreihe, schlage den Arbeitsfaden um die Nadel und steche in die viertletzte Masche der Luftmaschenkett.
Ich hole den Arbeitsfaden durch diese viertletzte Masche hindurch.
Ich hole noch mal den Arbeitsfaden und ziehe ihn durch zwei der drei Maschen auf der Nadel hindurch.
Jetzt sind noch zwei Maschen auf der Nadel.
Ich hole noch einmal den Arbeitsfaden und ziehe ihn durch die zwei Maschen hindurch.
Ich habe jetzt nur noch eine Masche auf der Nadel.

In der zweiten Reihe beginne ich so

Als Ersatz für das erste Stäbchen häkle ich drei Luftmaschen, dann schlage ich um, steche in das zweitletzte Stäbchen der Vorreihe, hole den Faden, ziehe ihn durch, hole den Faden, ziehe ihn durch zwei Schlingen hindurch usw.

Alles klar? Wie gesagt, es gibt auch noch halbe Stäbchen, Doppelstäbchen, Kreuzstäbchen, Büschelstäbchen …

Für wilde Hummeln

Haben Sie eine zarte Fee zu Hause oder eher eine wilde Hummel? Es gibt auch die zarten Hummeln. Oder die wilden Feen. Und alle brauchen sie Bewegung! Sie hüpfen, springen und purzeln herum, ehe sie am Abend zur Ruhe kommen, um dann einer kleinen Gute-Nacht-Geschichte von einer mindestens ebenso wilden kleinen Räubertochter oder einer noch wilderen Pippi Langstrumpf zu lauschen. Wilde Hummeln klettern auf Bäume, rennen barfuß durch hohe Wiesen, lassen sich Berge hinunterkugeln und schaukeln so hoch, dass ihre Beine die Blätter der Bäume erreichen. Höher und höher. Sie klettern die Türrahmen hinauf und bekommen beim Rummelplatz nicht genug vom Karussellfahren. Je wilder, desto besser. Und am liebsten spielen sie draußen. Fangen, Verstecken und Ochs am Berg.

Hüpfen und Springen

Kleine Mädchen hüpfen. Mittelgroße Mädchen hüpfen nicht mehr so oft und ganz große Mädchen hüpfen überhaupt nicht mehr. Warum ist das so? Warum hören wir irgendwann mit Dingen auf, die Spaß machen und guttun? Könnte ich nicht auch mit meinem Täschchen am Arm zum Bäcker hüpfen, Schritt hüpf, Schritt hüpf, Schritt hüpf. Oder durch die Innenstadt? Oder mit meinem Mann an der Hand? Was wären wir alle fit, wenn wir weiter hüpfen würden. Und wenn wir es alle täten, wäre es auch nicht so peinlich. Und wenn wir schon mal dabei sind. Warum hören wir auch auf, laut auf der Straße vor uns hinzusingen? Seien Sie doch mal ehrlich. Kommt Ihnen ein Erwachsener entgegen, der laut und fröhlich singt, denken Sie doch gleich: Der hat nicht mehr alle Tassen im Schrank. Und unsere Mädchen? Die singen und hüpfen, was das Zeug hält. Probieren Sie es doch einfach mal wieder aus und lassen sie sich das Hüpfen von ihrer Tochter zeigen. Dabei fallen Ihnen vielleicht die alten Hüpfspiele ein, die Sie früher im Hof spielten: Gummihupf, Seilspringen, Trampolin, Hüpfekästchen!

Hüpfekästchen oder Himmel und Hölle

Hüpfekästchen, Hickelkasten, Hüppekästchen, Hinkekästchen, Hopse, Hickeln, Paradiesspiel, Tempelhüpfen, Himmel und Hölle oder Hinkepinke. Ein uraltes Spiel mit vielen Namen. Es wird auf der ganzen Welt meist auf Schulhöfen gespielt. Das Grundprinzip ist überall das gleiche. Mit Kreide werden Kästchen auf den Boden gemalt, die in einer bestimmten Reihenfolge „abgehüpft" werden.

Man braucht: Straßenkreide und einen Stein

Nun werden Kästchen auf das Pflaster gemalt. Spielt man nicht auf Stein- oder Asphaltboden, kann man mit einem Stock die Kästchen in die Erde ritzen oder aus Stöcken die Kästchen legen. In jedes Kästchen wird eine Zahl von 1–10 geschrieben. Dann wird der Stein in das erste Kästchen geworfen. Auf einem Bein springt man nun hinein, bleibt auf diesem Bein stehen und bückt sich, um den Stein aufzuheben, dann springt man auf einem Bein, mit dem Stein wieder auf die Startposition. Hat man das Bein nicht abgesetzt und hat auch den Kreiderand nicht berührt, darf man weitermachen. Nun kommt Kästchen Nummer 2 an die Reihe. Hat man mit dem Stein hinein getroffen, darf man wieder auf einem Bein durch Kästchen 1 bis Kästchen 2 hüpfen. Und mit dem Stein wieder zurück. So geht es, bis man einen Fehler macht oder der Stein nicht im richtigen Kästchen liegen bleibt. Im zehnten Kästchen darf man das Bein abstellen und eine kleine Pause machen.

Es gibt viele Spielregeln für dieses Spiel. Wir spielten es auf diese Weise. Und Sie? Wie spielen es ihre Kinder, lassen Sie es sich zeigen.

Variation: Man kann die Kästchen auch in Schneckenform auf den Boden zeichnen.

Und wenn es regnet?

Kann man Hüpfekästchen in der Wohnung spielen! Man braucht dazu eine große Pappe und malt darauf ein Kästchenspiel. Nun legt man es auf den Boden und spielt das Spiel wie gewohnt. Bei einem Stein- oder Kachelboden kann man natürlich auch wie draußen mit Kreide malen und die Kästchen ganz leicht mit einem feuchten Tuch wieder wegwischen. Oder kleben Sie die Kästchen mit Klebeband auf den Teppich. Oder wie wäre es mit einer Hüpfekästchendecke, mit der man sich zudecken oder auf der man hüpfen kann.

Dazu braucht man:

- 1 Decke ca. 100 x 130 cm
- verschiedene Stoffe in ca. 30 x 30 cm große Quadrate geschnitten
- aus bunten Stoffen ausgeschnittene Zahlen
- eine Nähmaschine oder Nähzeug, um alles mit der Hand aufzunähen

Die Zahlen auf die Quadrate nähen, Quadrate einsäumen und in gewohnter Hüpfekästchenreihe auf die Decke nähen – fertig! Wenn die Decke auf Parkett oder Steinfußboden benutzt werden soll, muss eine Gummimatte darunter gelegt werden, damit die Decke beim Hüpfen nicht wegrutschen kann.

Wollen Sie einen ellenlangen Hüpfekästchenweg durch den Flur nähen, nehmen Sie doch einfach Malerfilz als Untergrund (gibt es im Baumarkt, der Meter kostet ca. 1,50 Euro).

Fingerhupf

Es gibt doch Fingerskateboards und Fingerskateboardbahnen, warum nicht auch mal Fingerkästchenhüpfen, wenn es regnet.

Auf eine Tafel mit Kreide Kästchen in Miniatur malen und schon können die Finger loshüpfen. Zur Überbrückung von Wartezeiten in Restaurants oder beim Arzt, einfach Minihüpfekästchen auf ein Blatt Papier malen und los geht's.

Wenn Sie nicht „barfingerig" hüpfen wollen, wie wäre es, von Barbie ein paar Schuhe zum Hüpfen auszuleihen. Barbieschuhhopping! Ui, ein neues Spiel!

Seilspringen

Können Sie noch Seilspringen? Nein? Versuchen Sie es doch mal wieder.

Seilspringen

— kann man allein

— kann man zu dritt, indem zwei ein größeres Seil zum Schwingen bringen und einer hüpft.

— kann man als Wettbewerb machen: Zählen, wer es wie lange schafft?

Die Anschaffung eines langen Seils lohnt sich. Seilspringen zu mehreren ist der Hit. Die Kinder können versuchen, nacheinander in das schwingende Seil hineinzuspringen. Wie viele Kinder schaffen es gleichzeitig im Seil zu springen?

Alternativ: Knoten Sie an das Ende des Seils ein Sandsäckchen. Nun kann einer in der Mitte stehen und das Seil um sich herum im Kreis schleudern. Die Kinder hüpfen über das Sandsäckchen, wer es nicht rechtzeitig schafft und sich im Seil verheddert, scheidet aus.

In Amerika gibt es einen Sport, der nennt sich Double Dutch. Dabei werden zwei lange Seile gleichzeitig geschwungen, das eine von links nach rechts, das andere von rechts nach links. Schon für die Seilschwinger ist das wohl ziemlich schwierig. Was die Springer dann in den Seilen alles anstellen ist grandios und eine akrobatische Leistung.

Wie wäre es mit einer Seilspringmeisterschaft im Hof? Gesprungen werden kleine Choreografien – Arme überkreuz, auf einem Bein, Seil außen am Körper in einer Hand schwingen und wieder von vorne, drehen usw.

Springseilorakel

Springen und einen Spruch dazu sagen

Zum Beispiel:

Schlangenhaut und Krötenbein
Wer wird mein Geliebter sein
A,b,c,d,e,f,g, ...

Der Buchstabe, bei dem man einen Fehler macht, ist der Sage nach der Anfangsbuchstabe des späteren Geliebten oder der späteren Geliebten.

Weiter geht es:

1,2,3,4,5,6,7,
Wie viel Kinder werd ich kriegen

Immer wieder zählt man von 1–7. Die Zahl, bei der man im Seil hängen bleibt, ist die später Anzahl der Kinder.

Berufsorakel

Was werd ich werden, hier auf Erden?
Bäcker, Putzfrau, Königin?
Bettler, Popstar, Lehrerin?
Nonne, Christkind, Millionär?
Hausfrau, Bauer, Sekretär?
Doktor, Zahnarzt, Nikolaus?
Präsident im weißen Haus?

Wo werd ich wohnen?
Wo wird mein zu Hause sein?
Wird es groß sein oder klein?
Baumhaus, Höhle, Hundehütte?
Wirtshaus oder Schiffskajüte?
Villa, Hausboot oder Zelt?
Ohne Wohnsitz durch die Welt?
Kiste, Wohnung, Afrika?
Bei Hempels, in Amerika?
Wo wird mein zu Hause sein?
Wird es groß sein oder klein?

Gummitwist

Man braucht nicht unbedingt einen Gummitwist-Gummi zu kaufen. Ein einfacher Hosengummi genügt völlig. Zwei Kinder stehen sich gegenüber, um ihre Knöchel haben sie das Gummiband gespannt, von einem Kind zum anderen. Das dritte Kind kann nun hüpfen. Mit jedem Spruch muss es erst Knöchelhöhe schaffen, dann Kniehöhe und dann Oberschenkelhöhe. Es gibt ein paar wenige, die es auch noch auf Schulter oder Halshöhe schaffen.

Außerdem kann man noch die Breite der Beine ändern in ganz breit und ganz eng. Also „Badewanne": ganz breit, normal breit, Baumstamm: beide Füße stehen eng zusammen und Engpass: Einbein.

Es gab aber immer Hüpfekinder, die sogar mit Leichtigkeit noch die Hüfthöhe bewältigt haben. Ich war, nebenbei erwähnt, eine erbärmliche Hüpferin und habe in meinem ganzen Kinderleben niemals die Oberschenkelhöhe erreicht.

Meine Lieblingssprüche waren:

Schneewittchen bei den 1,2,3,4,5,6,7, Zwer-gen – raus!

Dabei hüpft man bei den Silben Schnee-witt-chen-bei-den von Band 1 zu Band 2, bei den Zwergen steht man in der Mitte des Gummis und muss nun mit den Beinen nach außen springen – also grätschen. Und das sieben Mal. Bei dem Wort „raus" springt man raus.

oder

Hau-ruck – donald-duck – mickey-maus – mitte – raus!

oder

Ich mag Salat jeden Tag
Montag, Dienstag, Mittwoch, ...
Ich mach Salat jeden Tag

oder

Seite, Seite, Mitte, Breite
Seite, Seite, Mitte, Raus

GUMMI

oder

Eine kleine Mickey Maus,
zog sich mal die Hose aus
zog sie wieder an
und du bist dran

oder

Auf einer bayerischen Bahn
Da saß ein bayerischer Mann
Der rief: Zum Himmel Donner Wetter
Mitm' Messer geht es besser
Schnippel Schnappel stopp!

Auf dem GummiGummiberg
Steht ein Gummigummizwerg
Kratzt sich am Gummigummikopf
Bindet den Gummigummizopf
Trinkt aus dem Gummigummikrug
Winkt einem Gummigummizug
Beißt von dem Gummigummibrot
Wartet aufs Gummiabendrot

Dann gibt es auch noch die 10er-Probe.

Von zehn bis eins werden verschiedene Sprünge gesprungen. Wobei man bei zehn beginnt und die Sprünge immer schwerer, dafür immer weniger werden. Bei zehn wird zum Beispiel zehnmal mit einem Fuß auf das Gummiseil gehüpft. Bei der Zahl neun neunmal von einem Seil zum anderen, bis am Ende bei eins (Schwierigkeitsgrad Hüfte) einmal von einem zum anderen gesprungen werden muss.

Übrigens kann sich das Gummiband auch in der Mitte einmal überkreuzen, das sogenannte Hexenseil, bei dem sich zwei Dreiecke ergeben, in die man hüpfen kann.

Klatschspiele

Noch immer stehen da Mädchen auf dem Pausenhof im Kreis, klatschen in die Hände und singen dazu. Überall auf der Welt. Meist werden die Klatschspiele von Generation zu Generation mündlich weitergegeben. Dadurch passiert es auch, dass jeder die Reime und die Art des Klatschens ein bisschen anders kennt.

Welche Klatschspiele haben Sie in Ihrer Kindheit gepielt? Welche Ihre Mutter oder Oma? Fragen Sie nach. Und was spielt Ihr Kind auf dem Pausenhof?

Interessant ist, dass die meisten Texte aus Nonsenstexten bestehen. Sie haben überhaupt keinen Sinn – das ist mir als Kind garnicht aufgefallen.

Klatschspiel-Alphabet

So ein Klatschspiel zu beschreiben ist wahnsinnig schwer. Deshalb versuchen wir jetzt erst einmal die verschiedenen Varianten von Klatschen in eine Art Klatschspielalphabet zu bringen, damit die späteren Erklärungen verständlicher sind.

A: Ganz normales Klatschen in die eigenen Hände.

B: Zwei stehen voreinander und klatschen mit ihren Handflächen in die Handflächen der gegenüber Stehenden. Dazu hält man die Hände hoch über den Kopf, als wenn ein Cowboy sagt: „Hände hoch!"

C: Zwei stehen voreinander und klatschen mit den Handrücken auf die Handrücken des Gegenübers. Auch dazu hält man die Hände hoch ausgestreckt über den Kopf.

D: Zwei stehen voreinander. Jetzt sind die Hände parallel zum Boden wie bei einem Magier, der den Boden

verzaubern will. Die rechte Handfläche zeigt zum Boden, die linke zum Himmel. Wenn der Partner es genauso macht, können die Handflächen aufeinander klatschen.

E: Wie C, nur zeigt jetzt die linke Hand zum Boden, die rechte zum Himmel.

F: Faust

G: Jeder klatscht mit seinen eigenen Händen auf seine eigenen Oberschenkel.

H: Die rechte Hand des Partners greifen wie zu einer Begrüßung und schwingen.

I: Linke Hand des Partners greifen wie zu einer Begrüßung und schwingen.

J: Hände bzw. Unterarme über Kreuz auf die eigene Brust legen.

K: Zwei stehen voreinander, die rechten Hände klatschen aufeinander.

L: Zwei stehen voreinander, die linken Hände klatschen aufeinander.

M: Zwei stehen sich gegenüber. Jeder verschränkt seine Finger, dreht die Arme nach vorn, sodass er die verschränkten Finger bzw. Handflächen mit den verschränkten Fingern des anderen abklatschen kann.

Beim Bäcker hat's gebrannt-brannt-brannt
A K A L A B B B
Da sind wir hingerannt-rannt-rannt
A K A L A B B B
Da stand ein Polizist-zist-zist
A K A L A B B B usw.
Der schrieb uns auf die List-List-List
Die List fiel in Dreck-Dreck-Dreck
Da war mein Name weg-weg-weg
Da rannt ich schnell nach Haus-haus-haus
Zu meinem Onkel Claus-Claus-Claus
Der lag gerad im Bett-bett-bett
Mit seiner Frau Elisabeth!
A K A L A B B B

Ein englisches Klatschspiel:

Pro Zeile wird immer folgender Maßen geklatscht:
J-G-A- K-A-L-A-K

Miss Mary Mac, Mac, Mac
All dressed in black, black, black.
With silver buttons, buttons, buttons
All down her back, back, back.
She asked her mother, mother, mother
For fifty cents, cents, cents.
To see the elephants, elephants, elephants
Jump over the fence, fence, fence.
They jumped so high, high, high
They reached the sky, sky, sky
They never came back, back, back
Till the 4th of July, July, July.

Mein Lieblingsklatschspiel aus der Kindheit:

Rot weiß blau-e Rin-gel-söck-chen
J G A BJ G A B
Und zwei Boogieboogieschuh
J G A B J G A B
Rot-lack-ier-te – Fing-er-nä-gel
J G A B J G A B usw.
(bis ... ein junger Mann)
Die gehören auch dazu
Heute kam ich spät nach Haus
Schimpft mich meine Mutti aus
Doch das macht mir gar nichts aus
Denn ich bin verliebt
Ein junger Mann, Mutti,
A B A B A B
hat mich geküsst, Mutti,
A B A B A B usw. (bis Oma)
dann kam der Bus, Mutti,
und dann war Schluss, Mutti,
doch übers Jahr, Mutti,
da wird mir klar, Mutti,
da werd ich selbst Mutti,
und du Oma – ja – ja!
A B AB – B B

Lemonade
crunchy Ice
Sip it Once
Sip it Twice
Lemonade, crunchy ice, be there once –
be there twice
Turn around (drehen)
Touch the ground (den Boden berühren)
Freece (einfrieren – also nicht mehr bewegen, wer sich als erstes bewegt hat verloren)

Bingo!

B – I – N – G – O
D – E- A-A-A
Butterfinger liebt er so
B E A A A
Darum ist er immer froh,
B E A A A
und Bingo ist sein Nam-e
B E B E M

Wir sagen nonono
Wir sagen sisisi
Wir sagen no
Wir sagen si
Wir sagen em pom pie koklonie kolonastik
Em pom pie kolonie
Akademi safari
Akademi puff puff (oder piff paff puff und den Deckel oben druff)

Eiiiiiiiiin miniminimei
Makaroni frutschifrei
Frutschifreifreifrei
Papageigeigei
Und der Seppi seppi seppi klaut die Äppi Äppi Äppi
Und Radieschen für das Lieschen und Rhabarber für den Vater
Und der Koch, Koch, Koch fiel ins Loch, Loch, Loch
War so tief, tief, tief,
dass er rief, rief, rief
Liebe Frau, Frau, Frau, hol mich raus, raus, raus,
aus dem Schuh, Schuh, Schuh,
blöde Kuh, Kuh, Kuh

Empompi kolonie kolonastik
Em pom pi, kolonie
Akademi safari akademi
Piff paff puff und den Deckel oben druff!

Dieses Klatschspiel kann man auch im Kreis mit mehreren Mädchen spielen (auch mit Jungs natürlich). Man legt den rechten Handrücken auf die linke Handfläche des rechten Nachbarn und die linke Handfläche unter den Handrücken des linken Nachbarn. Alle zusammen singen das Lied und einer im Kreis klatscht seine rechte Hand auf die rechte Hand des linken Nachbarn (die ja in seiner linken Hand liegt) – so als würde das Klatschen weitergegeben. Der Nachbar „nimmt" nun das Klatschen mit seiner rechten Hand auf und klatscht wiederum in die rechte Hand seines linken Nachbarn usw. So schickt man ein Klatschen mit dem Lied im Kreis herum. Wenn die Spieler bei „und der Deckel oben druff" angekommen sind, versucht der Klatscher, der die Silbe „druff" klatscht, die Hand des linken Nachbarn zu erwischen. Dieser muss jedoch versuchen, seine Hand wegzuziehen, um nicht getroffen zu werden. Schafft er dies nicht, muss er ausscheiden, der Kreis wird kleiner. Und ein neues Spiel beginnt: Empompie ...

Co-ca- cocacola
D E –BBB D E - BBB
Tria triabella
D E – BBB D E - BBB
Love you
D E BBB
Kiss you
D E BBB
Enja benja – mozzarella
D E D E
Enja benja – mozzarella
D E D E
Si (drehen) Si (drehen)
B B
Si si si
B B B
Akkko Bakko Disch
(rechte Hand auf die linke Schulter, linke auf die rechte oder Ellenbogen des Gegenübers mit eigenem Ellenbogen treffen)

Schoko schoko lala
B B C C
Schoko schoko de de
B B F F
Schokola
B C
Schokode
B F
Schokolade
B C F

Dieses Spiel habe ich auch noch auf Englisch gefunden.
Da heißt es:

Double double this this
Double double that that
Double this, double that
Double this that.
Oder
Double double ice ice,
double double cream cream
double ice,
double cream
double ice cream

Fadenspiele

Die meisten Fadenspiele stammen von den australischen Ureinwohnern, den Aborigines. Aber auch bei nordamerikanischen Indianern, bei den Inuit oder den Papua wird mit Fadenfiguren gespielt. Die Eskimomädchen spielen das Fadenspiel vorzugsweise im Herbst, weil sie glauben, damit die Strahlen der Herbstsonne ins Netz einweben zu können und so den Winterbeginn hinauszuzögern. Es gibt über 2000 verschiedene Fadenspiele und Figuren, die auf der ganzen Welt bekannt sind und gespielt werden. Ich kann mir garnicht vorstellen, wo und wann irgendwer so ein Fadenspiel erfunden und gespielt hat. Dieser jemand hat es an seine Kinder und seinen Stamm weitergegeben, und dann? Wie kam dieses Spiel in andere Länder? Oder liegen solche Spiele doch so sehr auf der Hand, dass sie in verschiedenen Teilen der Erde von mehreren Menschen erfunden wurden?

Ich habe schon lange niemanden mehr gesehen, der dieses Fadenspiel – auch genannt Hexenschnur, spielt. Als Kinder beherrschten wir viele verschiedene Figuren. Wir dürfen nicht vergessen, all diese Dinge an unsere Kinder weiterzugeben. Es sind unbezahlbare Schätze.

Man braucht:

- einen Faden, eine Schnur, ein Band oder Wolle

Egal, wofür Sie sich entscheiden, die Schnur sollte ca. 1,5–2 m lang sein. Die Enden werden zusammengebunden und fertig ist die Hexenschnur.

Als Kinder haben wir Kunststoffschnüre aus dem Baumarkt genommen (ca. 3 mm Durchmesser), die konnte man an den Enden mit einer Kerze leicht ankokeln, dann drückte man die Enden zusammen und sie verschmolzen miteinander. Das Gute daran war, die Schnur hatte keinen Knoten.

Abheben (siehe gegenüberliegende Seite) ist wohl das berühmteste Fadenspiel. Man spielt es zu zweit. Dann gibt es noch viele Figuren, die man allein spielt, wie der Eifelturm, die Tasse und die Untertasse, die Badewanne, die vier Diamanten, die Sonne, die Fliege, das Zelt oder der durchlaufende Faden (meine Lieblingsfigur damals), die auch „die Maus" genannt wurde (siehe unten die Abfolge der Bewegungen).

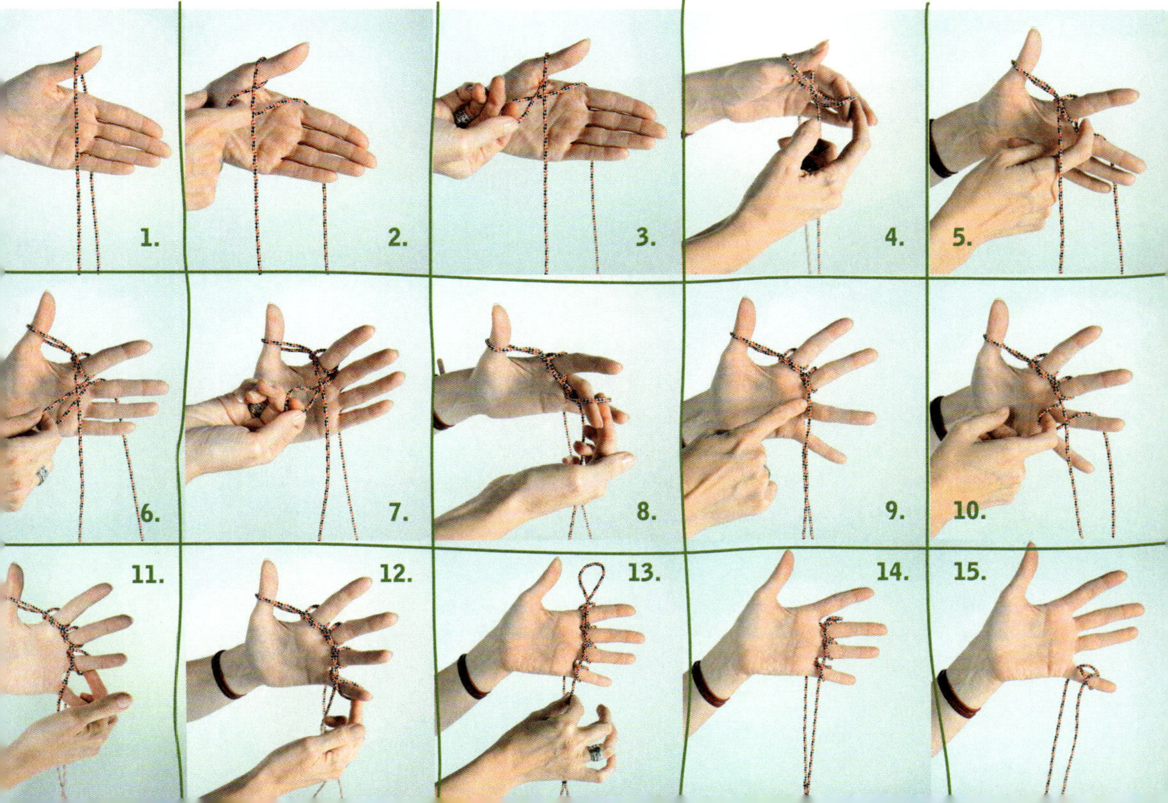

Pferde

Die meisten Mädchen lieben Pferde. Sie hängen sich Pferdeposter an die Wand, lesen Pferdebücher, Pferdezeitschriften und wollen irgendwann auch selbst reiten oder sogar ein Pferd haben.

Warum gibt es eigentlich so wenig Jungs, die gern reiten und genauso pferdeverrückt sind wie Mädchen? Pferde sind ja nicht einmal rosa. Außerdem waren früher ausschließlich Männer Cowboy, Indianer oder in der Kavallerie. Was ist inzwischen passiert?

Männer sehen Pferde aus einem anderen Blickwinkel. Für Männer geht es um Sport und Fortbewegung. Bei Frauen geht es wohl eher um kuscheln, lieb haben, striegeln und pflegen. Die meisten Mädchen bleiben dem Reitsport und den Pferden treu, bis sie 14 Jahre alt sind. Das Pferd als Übergang vom Teddybär zum Freund? Klingt komisch – ist aber so.

Pferdegeschirr

Dieses Spiel spielen Kinder sicher schon seit Jahrhunderten: Pferd und Reiter.

Das Pferd (ein Kind), wird in ein Seil eingespannt und das andere Kind hält die beiden Enden des Seils fest und ruft „Hüa!". Dann folgt das Pferd (hoffentlich) den Anweisungen seines Herrn. Schritt, Trab, Galopp und Steh!

Wenn man ein schöneres Pferdegeschirr haben möchte, kann man sich dies ganz einfach selbst machen.

Man braucht:

- ein ca. 4 cm breites und ca. 2 m langes Stoff- oder Wollband und eine ca. 2 m lange schöne Schnur
- Filz, zwei Metallringe (ca. 3–4 cm Durchmesser)
- zwei Karabinerhaken und ein paar Glöckchen

Legen Sie das Pferdegeschirr aus dem Band so zusammen, dass es ähnlich wie bei Hosenträgern vorne ein Rechteck und zwei Armschlaufen bildet, durch die das „Pferd" die Arme in das Geschirr stecken kann.

An den hinteren Enden der Stoffbänder werden die beiden Ringe befestigt. Die Enden bleiben aber überstehen, sodass Sie am Rücken des „Pferdes" mit Klettverschlüssen verschlossen werden können oder noch längere Enden, die zugeknotet werden können. Auf das vordere Geschirr (Brust) kann man nun den Namen des

Pferdes nähen. Einfach Buchstaben aus verschiedenen Filzen ausschneiden und mit der Nähmaschine oder der Hand aufnähen. Die Karabiner werden an den hinteren Ringen befestigt und die beiden Seilenden wiederum an den Karabinern fest geknotet. Jetzt können die Glöckchen am Zügel befestigt werden – fertig ist ein süßes Pferdegeschirr.

Pimp up-Pferdefahrrad

Wenn wilde Hummeln gern Fahrrad fahren, und wenn genau diese wilden Hummeln dann auch noch Pferdenärrinnen sind, gestalten Sie doch das Fahrrad einfach zum Pferd um.

Ich kann mich noch gut daran erinnern, dass ich als Kind mein Rad, auch wenn es wie ein ganz gewöhnliches Rad aussah, manchmal wie ein Pferd behandelt habe. Wenn der Verkehr zu stressig wurde, flüsterte ich ihm hin und wieder zu: „Ruhig, Brauner, ruhig!"

Dazu braucht man:

- ein Fahrrad
- Sprühdosen (weiß und grau)
- Hanfseil (ca. 3 m)
- Holz (für Pferdekopf)
- Fahrradlampenhalter
- Nieten und Nietenstanzer
- alte Tasche
- Pferdedecke
- Edding
- Band für Pferdegeschirr
- Freundschaftsbänder, bunte Bänder für Gebemsel
- Klebeband (um alles abzukleben, was nicht besprüht werden soll)
- Leder für die Ohren

Werkzeug:

- Bohrer, Säge, Fahrradwerkzeug, um das Fahrrad auseinander- und wieder zusammenbauen zu können.

Unser Pferdefahrrad haben wir bei eBay für 11 Euro und 10 Cent gekauft. Da war es natürlich noch kein Pferdefahrrad, sondern ein ganz gewöhnliches Kinderfahrrad.

Im Garten wurde es dann erst einmal auseinandergenommen. Wir schraubten die Räder, den Gepäckträger und all die Dinge ab, die wir nicht lackieren wollten. Dann wurde das Fahrrad erst einmal gründlich mit heißem Wasser und Spülmittel von Schmutz und Fett befreit, damit die Farbe später besser halten konnte.

In null Komma nichts bekam es mit einer Spraydose weißes Fell mit grauen Westernpferdeflecken. Auch das Schutzschild über der Kette wurde weiß und grau. Dann schraubten wir alles wieder an.

Als nächstes sägten wir einen Pferdekopf aus Holz aus, der gut an das Lenkrad passte. Dieser Pferdekopf bekam ebenfalls eine

weißgraue Farbe und angenagelte Lederohren. Für die Mähne wurden Löcher in den Kopf gebohrt.

Nun befestigten wir den Kopf mit einem Fahrradlampenhalter unterhalb des Lenkers. Das Ganze muss wirklich gut halten und der Pferdekopf darf nicht zu weit über den Lenker hinüberragen – sonst kann es beim Fahren – bzw. beim plötzlichen Bremsen für den Reiter gefährlich werden.

Aus Schnur bekommt das Pferd nun eine schöne Mähne. Hanfschnur lässt sich wunderbar aufdröseln, das sieht nach echter Mähne aus.

Ein Auge und ein Nasenloch mit Edding oder schwarzem Buntstift auf den Pferdekopf malen und einen Hanfschweif an den Gepäckträger knoten. Doch bitte nicht zu lang, sonst besteht die Gefahr, dass der Schweif in die Speichen kommt. Wenn Sie wollen, können Sie noch ein Pferdegeschirr am Kopf befestigen oder den Sattel mit Nieten verzieren. (Unsere Nieten sind allesamt Ersatznieten von Hosen oder Jeansblusen, die jetzt endlich einmal zum Einsatz kamen). Dazu brauchen Sie allerdings einen Nietenstanzer.

Unser Pferd erhielt schließlich noch Satteltaschen. Gemacht aus zwei Außentaschen einer großen alten Kunstledertasche, die eine liebe Nachbarin wegwerfen wollte. Die kam uns gerade gelegen, denn sie passte hervorragend über den Gepäckträger. Ich schnitt die beiden Außentaschen einfach von der großen Tasche ab und klebte sie so übereinander, dass sie genau rechts und links am Gepäckträger herunterhängen konnten. Die Taschen bekamen noch ein paar Aufnäher, Buttons und Bänder und eine kleine Pferdedecke obenauf, schließlich weiß man nie, ob man sich mal zum Lagerfeuer setzen will. Als Pferdedecke nahmen wir einen kleinen Flickenteppich.

Vielleicht haben Sie aber auch Lust auf ein anderes „Mottofahrrad". Zum Beispiel Modell Prinzessin in gold mit Krönchen und rotem Samtsattel oder Modell Barbie ganz in rosa mit Barbie-Gallionsfigur. Oder vielleicht Modell Pippi Langstrumpf mit geringelten Strümpfen, die über Lenker und das ganze restliche Gestell gezogen werden. Oder ein blumiges Blumenfahrrad!

Pimp up-Blumenfahrrad

Dazu braucht man:

- ein Fahrrad
- Kreppklebeband
- Plastiktüten
- grünen Sprühlack
- Lackfarben für die Blumen und Grashalme
- Klarlack
- Plastikwiese

Werkzeug:

- sämtliche Werkzeuge, die man benötigt, um ein Fahrrad auseinander- und wieder zusammenzuschrauben, Pinsel

Das Fahrrad

— Man nehme ein Fahrrad und schraube es auseinander, sodass nur noch Rahmen, Lenkrad und Sattel übrigbleiben. Ich habe mir ein großes weißes Papier zurechtgelegt, auf das ich alle Teile legen konnte, um direkt daneben zu notieren, wo sie abgeschraubt wurden. So konnte ich den Überblick bewahren.

— Der Fahrradrahmen muss von Ölresten und Dreck gründlich gereinigt werden, damit der Lack darauf hält. Sattel und Lenkrad habe ich in Plastiktüten gesteckt und mit Kreppband abgeklebt. Auch die Edelstahlmanschetten wurden mit Kreppband beklebt, da diese nicht besprüht werden sollten.

— Stellen Sie das Fahrrad auf den Kopf – also auf den Sattel.

— Besprühen sie das Fahrrad nur im Freien oder einem gut belüfteten Keller. Achten Sie auf genug Zeitungspapier als Unterlage, denn der Sprühnebel verteilt sich weiträumig. Am besten ziehen sie Arbeitskleidung an und setzen eine Atemschutzmaske auf.

— Sprühen Sie nach Anleitung auf der Sprühdose. Ordentlich schütteln und in mehreren Schichten den Lack auftragen. Wenn der grüne Lack getrocknet ist, können Sie oder ihre Tochter eine bunte Blumenwiese auf das Fahrrad pinseln. Nach dem Trocknen sollten Sie das Fahrrad noch einmal mit Klarlack besprühen, um die Blumen zu fixieren.

— Nach einer Nacht zum Trocknen kann man das Fahrrad wieder zusammenschrauben. Für die Plastikwiese auf dem Gepäckträger einfach ein Stück Wiese ausschneiden und festklemmen.

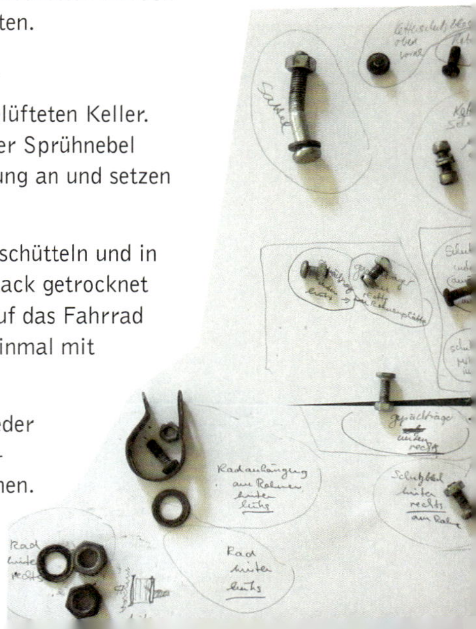

Blumenkorb

Dazu braucht man:

- 1 Körbchen
- viele Stoffblumen
- Blumendraht
- 2 Drahtkleiderbügel
- Plastikvögel
- Wiesenstoff

Die Stoffblumen an ihren Plastikenden mit einer spitzen Nadel, die vorher erhitzt wurde, mit einem Loch versehen. Dabei die Nadel mit einer Zange festhalten, sie wird sehr heiß! Mit einem Stück Blumendraht jede einzelne Blüte am oberen Rand des Korbes festbinden. Den Korb in die auseinandergebogenen Drahtkleiderbügel stellen und festdrehen, dabei die zwei Kleiderbügel aufeinanderliegend ineinander drehen, sodass auf einer Seite des Korbes Hacken für die Befestigungen am Lenker entstehen.

Ich gestehe, es ist eine etwas ulkige Konstruktion, aber sie funktioniert. An den überstehenden Seiten der Kleiderbügelkonstruktion war sogar noch Platz für zwei „herbeifliegende" Plastikvögel.
Mit Wiesenstoff habe ich den Korb ausgelegt und mit wenigen Stichen per Hand festgenäht.

Wiesensattel

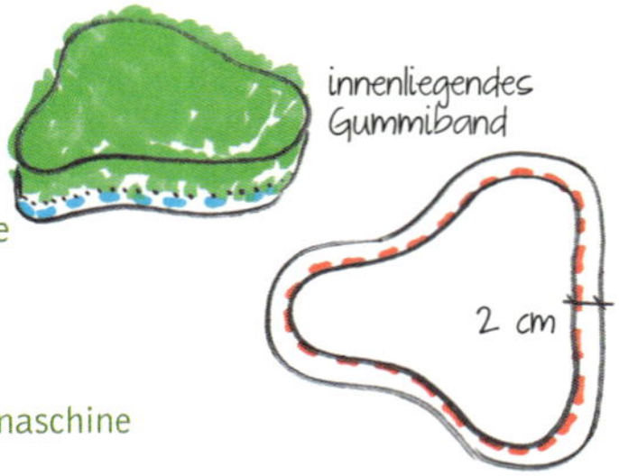

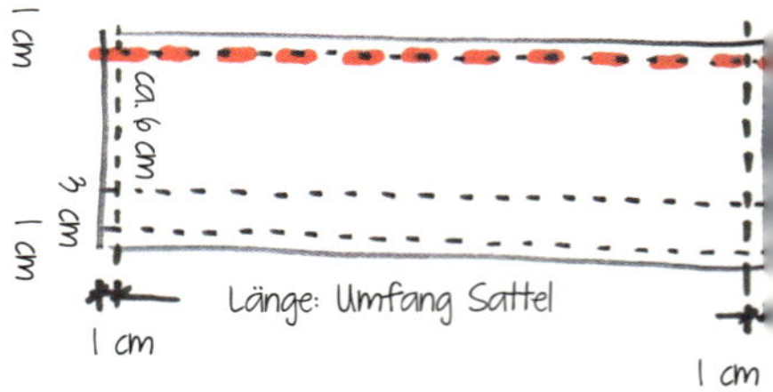

Dazu braucht man:

- 1 Stück Plastikwiese
- Hosenbandgummi

Werkzeug:

- Nähzeug, evtl. Nähmaschine

— Für den Wiesenbezug Satteloberfläche auf den Stoff zeichnen und unter Zugabe von 2 cm ausschneiden. Der Rand ist gleichmäßig (je nach Sattelhöhe) 6 cm hoch plus Umschlag für den Gummi und mit 2 cm Nahtzugabe zugeschnitten. Das ergibt ein Band von 10 cm Breite und umlaufender Länge plus 2 cm Nahtzugabe an beiden Enden.

— Das umlaufende Band erst an den Sattelstoff mit Stecknadeln feststecken. Dabei den Stoff auf links bearbeiten. Umdrehen und auf den Sattel probelegen.

— Den Stoff wieder umdrehen, den Seitenstoff zusammenstecken und mit einer Doppelnaht am Sattelstoff mit Hilfe der Nähmaschine festnähen.

— Den Seitenstoff nach Sattelhöhe umschlagen und eine gleichmäßige Kante für den Gummi einschlagen, feststecken und bis auf eine kleine Öffnung mit der Nähmaschine festnähen.

— Den Gummi einziehen und das Loch mit der Hand zunähen. Bezug auf den Sattel aufziehen.

Jetzt steht einem Ausflug nichts mehr im Weg. Merken Sie sich nur gut, wo Sie es abstellen. In der Natur könnte es mit einer Wiese verschmelzen.

Steckenpferd

Man braucht:

- 1 dicken Ast oder Stock (ca. 4 cm dick, so lang, wie der Reiter es braucht)
- Wollsocken in braun oder beige
- Füllwatte
- feste Kordel oder Sisalschnur
- Wolle für die Mähne
- Stoffreste für die Ohren
- Filzstoff für die Augen in beige und schwarz oder Knöpfe

Werkzeug:

- Säge, Schleifpapier, Schere, Alleskleber

Um den Ast für das Steckenpferd zu besorgen, unternehmen Sie am besten einen schönen Ausflug ins Grüne. Begeben Sie sich auf die Suche nach einem kräftigen herabgefallenen Ast.

— Befreien Sie mit Hilfe einer kleinen Säge den Ast von sämtlichen Zweigen.

— „Striegeln" Sie das Pferd mit Schleifpapier, falls es nötig ist. Für den Kopf nehmen Sie eine Wollsocke und füllen diese straff mit Füllwatte. Stülpen Sie diesen Kopf auf das eine Astende und binden Sie ihn mit Kordel fest. Aus der Kordel können Sie sogleich auch die Zügel am Kopf festknoten. Am Griff habe ich die Zügel mit etwas Leder verstärkt, so liegt er besser in der Hand.

— Aus reichlich Wolle wird die Mähne am Kopf angenäht Die Ohren aus farblich passenden Stoffresten nähen, mit Füllwatte ausstopfen und am Kopf festnähen.

— Die Augen aus Filzstoff ausschneiden und am Kopf festkleben.

Wenn das Steckenpferd wohnungstauglich sein soll, empfiehlt es sich, das untere Astende mit der zweiten Wollsocke oder einem Stück Leder so zu umwickeln und festzubinden, dass der Fußboden keine „Hufspuren" abbekommt.

Pferde aus Pappkarton

Man braucht:

- Hasendraht
- Tapetenkleister
- Zeitungspapier
- 1 großen Obstkarton

Kennen Sie Kartonpferde? Der Kopf ist aus Pappmaché gemacht. Dazu braucht man Hasendraht, aus dem die Grundform des Pferdekopfes zurecht gebogen wird. Dann rührt man Tapetenkleister an (nach Anweisung auf der Packung), reißt Zeitung in Streifen (viele) und beginnt, wenn der Kleister etwas Zeit hatte durchzuziehen, die einzelnen Zeitungsstreifen durch den Kleister zu ziehen und dann auf dem Drahtgestell glatt zu streichen. Mehrere Schichten sind nötig, damit das Pferd stabil wird. Je nachdem, wie dick Sie die Pappmachéschichten aufgetragen haben, braucht der Pferdekopf ein oder zwei Tage, um richtig durchzutrocknen.

Einen Obstkarton aus Pappe umdrehen (mit dem Boden nach oben) und mit einem Cutter ein großes Loch in den Kistenboden schneiden – der Einstieg für den Reiter. Jetzt den Pferdekopf mit Klebebändern auf dem Karton anbringen. Man kann auch einen Tacker zu Hilfe nehmen. Hauptsache, der Kopf hält fest auf dem Pferdekartonkörper. Jetzt wird alles ganz nach Belieben angemalt. Eine Mähne und ein Schweif aus Wolle und das Pferd wäre schon fast fertig.

Nun braucht es noch Hosenträger oder Schnüre, die an dem Loch im Pferderücken angebracht werden. Wenn der Reiter nun hineinsteigt, hält der Pferdekörper durch diese Halterung an den Schultern des Reiters und die beiden können ihren ersten Ausritt wagen. Ein echter Hingucker für Fasching- oder Theateraufführungen. Wenn Sie es noch lustiger haben wollen, füllen Sie eine alte Strumpfhose mit Füllwatte und lassen Sie diese „Beine" links und rechts am Pferd herunterbaumeln. Dann sieht es so aus, als wären es die Beine des Reiters und die echten Beine wären die Pferdebeine. Klingt komisch – ist aber so!

Was wilde Hummeln noch gern machen

Haben Sie im Hof einen Platz, auf den Sie mit Kreide malen können? Zum Beispiel Linien oder Straßen für rollende Rollschuhmädchen? Wie wäre es mit einer Rollschuhkür? Oder einem ganzen Rollschuhfest (es kann auch Inliner-Fest heißen). Dafür bringen alle ihre Inliner mit. Es wird ein CD-Rekorder mit Musik in die Mitte der Rollschuhfläche gestellt und nun kann man mit Musik fahren, das macht gleich doppelt Spaß. Vielleicht haben die Mädchen Lust, sich eine Choreografie auszudenken? Oder wie wäre es mit einer Vorstellung. Wer kann welche Inlinetricks? Rückwärtsfahren? Drehung? Übersetzen? Walzer zu zweit? Und wenn alle genug rumgerollert sind, gibt es an der Tankstelle (Tisch mit Bechern und Flaschen) etwas zu trinken. So eben im Vorbeifahren.

Vielleicht fahren Sie ja auch selbst Inliner. Dann packen Sie doch einen Rucksack mit leckeren Dingen und „inlinern" Sie mit ihrer Tochter bis zu einem schönen Picknickplatz.

Auch Einradfahren, Spielen mit dem Hula-Hoop-Reifen, Radschlagen und Schaukeln sind beliebter Mädchenkram. Versuchen Sie doch einmal ein männliches Wesen zum Hulahoopen zu überreden. Das macht doch eigentlich jedem großen Spaß. Und man(n) bekommt ganz nebenbei eine wunderschöne Taille. Und die hat noch keinem geschadet.

Der Rekord im Hulahoopen liegt übrigens bei 74 Stunden und 54 Minuten (Aaron Hibbs, USA, Oktober 2009). Es gibt auch noch einen Rekord, bei dem „Mister Hoop" aus Österreich 71 Sekunden mit einem Traktorreifen „hulahoopt", – also diesen um seine Hüften kreisen lässt. Und die Chinesin Li Ji Hui hat den Weltrekord mit 265 Reifen geschafft.

Man kann den Reifen übrigens auch rollen und versuchen hindurchzuspringen. Oder eine bestimmte Strecke vor sich herrollen, mit der Hand angetrieben. Man kann am Arm hulahoopen oder am Hals. Auch am Fuß ist es möglich, wenn man es schafft, diesen über dem Kopf zu halten (ich habe es selbst gesehen, es ist möglich!).

Übrigens:

Manche Mädchen scheinen tatsächlich auf die Welt zu kommen und können ohne zu üben Radschlagen, genauso werden manche Mädchen anscheinend mit einem unsichtbaren Hula-Hoop-Reifen geboren. Die stellen sich einfach hin und hulahoopen.

Ebenso verhält es sich mit dem Spagat, dem Einradfahren. Es gibt selten Mädchen, die alles können – für mindestens eine der Fähigkeiten, muss sich jeder anstrengen, um dies oder jenes zu schaffen. Motivieren Sie Ihre Tochter – vielleicht startet man gemeinsam ein kleines Mutter-Tochter-Projekt. Jeder nimmt sich etwas vor zu lernen, etwas, was man bisher nicht konnte, aber unbedingt schon immer können wollte. Dann trifft man sich über drei bis vier Wochen jeden Tag für 15 Minuten um dieselbe Zeit und jeder übt an seiner Aufgabe. Es erfordert eine Menge Durchhaltevermögen und Selbstdisziplin – aber die meisten Dinge, kann man danach tatsächlich. Manche Dinge brauchen auch noch etwas länger. Ich nehme mir meist zu Silvester eine Jahresaufgabe. „Dieses Jahr möchte ich 100 neue englische Wörter lernen" oder in einem Jahr hatte ich mir Jonglieren vorgenommen – für mich, als ziemlich unbegabte Ballfwerferin und Ballfängerin, war das eine echte Herausforderung. Ein halbes Jahr hatte ich meine drei Jonglierbälle überall dabei (und wenn ich überall sage, dann meine ich überall) in Pausen und Wartezeiten übte ich. Sicher habe ich viel länger gebraucht als manch anderer, aber immerhin kann ich jetzt mit drei Bällen gleichzeitig jonglieren und freu mich wie ein Schnitzel darüber. Man sollte nie aufhören Neues dazu zu lernen. Und ich meine, Jonglieren kann ja auch richtig nützlich sein – äh – für – also jetzt fällt mir gerade nichts ein, aber ich denk noch mal drüber nach!

Für Krönchen-
trägerinnen

Als ich vier Jahre alt war, wollte ich, wenn ich groß bin, Prinzessin werden. Schon während der Faschingszeit im Kindergarten übte ich und fand auch jedes Jahr aufs Neue (m)einen Prinzen, in den ich mich verlieben konnte. Doch dann kam das Erwachen. Mein Vater erzählte mir die ganze Wahrheit: Wie sollte ich eine Prinzessin werden, wenn meine Eltern nicht König und Königin waren? Ich fing entsetzlich an zu weinen, denn mein Lebenstraum war zerplatzt. Ich denke, mein Vater bekam damals einen strafenden Blick meiner Mutter und versuchte, das Geschehene wieder geradezubiegen: „Es gibt da allerdings eine letzte Möglichkeit: Du musst einfach einen Prinzen heiraten!" Ich hörte schlagartig mit dem Weinen auf, putzte mir die Nase und hielt Ausschau nach einem richtigen Prinzen. Zuerst durfte ich aber noch eine echte Prinzessin kennenlernen, die uns auf ihrem Gestüt empfing und uns das Reiten auf den königlichen Pferden erlaubte. Ich war vorher mächtig aufgeregt. Ich stellte sie mir genau vor: langes güldenes Kleid, mit roter Samtschleppe, Zepter und Reichsapfel in den Händen und einer wunderschönen Krone auf dem Kopf. Doch was war das? Da stand sie, die Prinzessin, allerdings mit Jeans und Gummistiefeln und trank Cola aus der Flasche. Da zerplatzte mein Traum endgültig. Peng! Später habe ich meinen Märchenprinzen trotzdem noch gefunden. Schließlich kann man auch innerlich ein Prinz sein. (Doch ich muss gestehen, bis heute verfolge ich leidenschaftlich gern, was so alles in den Königshausern passiert und ich liebe Königshochzeiten!)

Wenn man es genau nimmt, sind doch die Prinzessinnen im Märchen meist die Schwachen, die immer von dem Helden – also dem Prinzen – gerettet werden. Und Prinz hin oder her, alle Prinzessinnen lassen sich sofort mit aufs Schloss nehmen und „sie feierten eine große Hochzeit!" – die kennen sich doch kaum! Schneewittchen lässt sich wachküssen und heiratet sofort, Dornröschen ebenso, Aschenputtel heiratet, nur weil der Schuh passt? Hallo? Naja, zum Glück sind es ja nur Märchen. Trotz alledem gehört die Prinzessin zu den beliebtesten Faschingsverkleidungen für Mädchen.

Verkleidungskoffer

Richten Sie doch für ihre kleine Prinzessin einen Verkleidungskoffer ein. Mit langen Röcken oder Kleidern, die Ihnen nicht mehr passen. Alte Vorhänge als Schleier und Schleppen. Samtumhänge lassen sich schnell und einfach herstellen. Sie brauchen einen Pannensamt. Ihn gibt es in allen Farben und er ist ähnlich dem Samt, nur elastischer. Außerdem ist er sehr günstig. Kaufen Sie zwei Meter davon in einer beliebigen Farbe und einen wunderschönen Prinzessinnenknopf. Vielleicht darf die kleine Prinzessin beim Kauf dabei sein und sich im Stoffgeschäft selbst einen Knopf aussuchen. Eine Kordel wird nun an einem Eck des Stoffs zu einer Schlaufe gelegt und dort mit der Hand festgenäht. An die andere Seite nähen Sie nun den edlen Knopf. Wenn die Länge für ihre Prinzessin stimmt, ist der Umhang fertig. Ansonsten einfach bodenlang abschneiden.

Krönchen

Ich hatte immer mein „goldenes Band". Das war einfach ein Stück sehr schöne goldene Borte und diente mir jahrelang als Krönchen. Goldene Borten gibt es in Bastelläden und Stoffgeschäften oder im Kaufhaus.

Ich habe allerdings auch noch einige andere Krönchen für Sie und Ihre Prinzessinnen vorbereitet. Jedes dieser Krönchen geht schnell und ist nicht teuer. Ein oder zwei Krönchen sollten in einer richtigen Verkleidungskiste auf gar keinen Fall fehlen.

Die geflochtene Krone

Dazu braucht man:

- T-Shirt-Jersey-Stoffe (Damit werden die Bänder am schönsten. Sie können natürlich auch alle anderen Baumwollstoffe nehmen. Diese vorher mit einem Zickzackstich mit der Nähmaschine abnähen, damit sie nicht so sehr ausfransen.)
- einen Knopf, ein Stückchen Schnur, Nähnadel und Faden, Schere
- evtl. ein Stück Stoff für einen Schleier

Den Stoff in ca. 1,30 m lange und ca. 4 cm breite Bahnen schneiden. Man braucht drei verschiedene Stoffe pro Band/Krone. Jetzt die Bänder mit etwas Wolle an den Enden zusammenknoten. Flechten wie einen Zopf. Das geflochtene Band dem Kopf in der Länge anpassen und die beiden Enden zusammenknoten. Als Bekrönung kann man nun noch einen schönen Knopf an die Stirnseite nähen oder am Hinterkopfteil einen kurzen Schleier anbringen.

Das Tolle an diesen einfach herzustellenden Bändern ist, dass sie auch schön als Haarbänder aussehen. Da sie elastisch sind, können sie gut über den Kopf gezogen werden und halten die Haare perfekt zurück.

Etwas länger sind diese Bänder wundervolle Riemen für selbst genähte Taschen oder Gürtel und sind auch als Armbänder oder Fußbänder der Hit!

Die genähte Königinnenkrone

Dazu braucht man:

- Filz, schönen Königinnenstoff (etwas fester, vielleicht eine Art Polstermöbelstoff)
- Nähmaschine, Schere, Nadel und Faden, Papier und Stift
- einen königlichen Knopf

Auf das Papier eine Krone aufmalen, das wird das Schnittmuster. Dieses Muster auf den Filz übertragen, ausschneiden. Das Muster ebenfalls auf den Stoff übertragen (mit Edding, Kreide oder einer Schneiderkreide) wiederum ausschneiden. Den Stoff mit Zickzackstich an den Rändern entlang nähen, damit er nicht ausfranzt. Stoff auf Filz nähen, auf die Kopfgröße anpassen und beide Enden zu einer Krone zusammennähen. Königlichen Knopf an der vorderen Spitze mit Hand annähen. Fertig.

Natürlich können Sie die Krone auch noch mit Goldborten, Pailletten oder anderen Glitzersteinen bekleben oder benähen. Ganz wie es der königlichen Hoheit beliebt.

Der Burgfräuleinschlauch

Dazu braucht man:

- Pannensamt, Nähmaschine, Füllwatte, goldene Bänder oder einen wunderschönen goldenen Knopf

Schneiden Sie den Pannensamt zu einem ca. 65 cm langen und ca. 4 cm breiten Band. Nähen Sie nun diesen Schlauch auf links mit der Nähmaschine zusammen. Ein Ende nähen Sie sofort zu, das andere lassen Sie zum Befüllen noch offen. Schlauch auf rechts drehen. Jetzt kann der Schlauch mit Füllwatte befüllt werden. Hier hilft vielleicht ein Kochlöffelstiel, damit man die Watte bis ins hintere Eck stopfen kann. Den gefüllten Schlauch zu einem Kranz zusammenbringen und am Kopf der betreffenden Prinzessin abmessen. Zur Not muss man noch mal ein wenig vom Schlauch abschneiden. Nun beide Enden zusammennähen und mit Pailletten, Knöpfen, Strass oder goldenen Bändern verzieren. Auch hier kann noch ein kleiner Schleier befestigt werden.

Die Toilettenrollenkrone

Dazu braucht man:

- Pappe von einer leeren Toilettenpapierrolle
- Gummiband
- Kleber und alles, was man eben so braucht für ein glitzergüldenes Prinzessinnenkrönchen

Papprolle zu einer Krone schneiden, zwei kleine Löcher für die Gummis anbringen, Gummis passend für den Kopf abmessen, durch die Löcher stecken und innen verknoten. Krönchen ganz nach Belieben mit Stoffen, Borten, Papieren oder Glitzer bekleben oder mit Goldfarbe bemalen.

Es ist mir fast unangenehm, diese schlichte Bastelanleitung aufzuschreiben. Aber manchmal vergisst man die einfachen Dinge. Und die sind oft die schönsten.

Die Gürtelkrone

Haben Sie alte Herrengürtel, die Sie nicht mehr brauchen? Dann machen Sie doch Kronen draus.

Gürtel passend zum Kopfumfang abschneiden und die Enden einfach mit Kleber zusammenkleben (eine Wäscheklammer hilft, die Enden zusammenzuhalten, bis der Kleber fest wird). Nun kann der Gürtel mit goldener Sprühfarbe besprüht oder mit einem goldenen Band beklebt werden. Ich finde, beides sieht sehr schön und äußerst edel aus.

Prinzessinnengeburtstag

Wenn Sie einen Prinzessinnengeburtstag planen, wäre der erste Programpunkt, wenn die kleinen Gäste kommen: Krönchen basteln. Ganz nach dem eigenen Geschmack. Legen Sie viele verschiedene Materialien auf den Basteltisch und los geht es.

Was man sonst noch so auf einem Prinzessinnengeburtstag machen kann? Jedes Mädchen könnte eine Prinzessin eines bestimmten Märchens sein. Aschenputtel, Dornröschen, Schneewittchen, Rapunzel, die Prinzessin auf der Erbse, die Prinzessin vom Froschkönig usw.

Dazu muss jede in der Wohnung etwas suchen, was typisch für diese Prinzessin ist. Vielleicht bekommt auch jeder einen Button mit einem Zeichen wie Schuh, Zwerg, Frosch, Erbse ...

Prinzessinnenspiele

— mit dem goldenen Ball (Tennisball in Goldpapier eingewickelt) auf Flaschenzwerge kegeln

— viele Kissen zu einem Stapel auftürmen (Prinzessin auf der Erbse)

— einen roten Apfel aus einem Wassertopf mit dem Mund fischen

— Frösche falten und hüpfen lassen – wer hüpft am weitesten, Bänder flechten (für Rapunzel)

Erbsenspiele:

— Erbsen mit einem Strohhalm von einem Teller in den anderen transportieren

— zwei verschiedene Erbsen- oder Linsenarten in zwei Teller sortieren (mit Stoppuhr)

Ein Dornröschen Schlafspiel:

— Ein Kind stellt das schlafende Dornröschen mit geschlossenen Augen dar. Nun wird es vorsichtig wachgekitzelt. Gelingt es? Oder schafft Dornröschen es, ohne Lachen weiterzuschlafen?

Schuhmemory:

— Ein Haufen verschiedener Schuhe kommt in die Mitte des Zimmers. Wer zuerst die meisten passenden gefunden hat, hat gewonnen.

Als königliches Mahl gibt es vielleicht kandierte rote Äpfel, oder Erbsensuppe oder ein Menü aus all diesen Dingen (von Froschschenkeln würde ich allerdings lieber absehen).

Wenn Sie, wie ich, nicht so gern Wettbewerbe an Kindergeburtstagen durchführen, bei denen immer der/die Erste gewinnt, verbinden Sie das Ganze doch mit einer Geschichte.

Spielgeschichten

- Chaos im Märchenland. Ein böser Zauberer hat das Märchenland in völliges Chaos gestürzt und außerdem alle Prinzen des Landes in Frösche verzaubert. Nur wenn alle Prinzessinnen die sieben Aufgaben gemeinsam lösen, wird das Märchenland wieder so sein, wie es einmal war ...
- Am Ende gibt es natürlich einen Ball mit Tanz und allem drum und dran, denn wie heißt es am Ende immer so schön: „Und sie feierten ein großes Fest und wenn sie nicht gestorben sind, dann leben sie noch heute."

Benimm ist in

Benimmregeln für kleine Prinzessinnen

So eine Prinzessin wäre keine Prinzessin, wenn sie sich nicht auch gut zu benehmen wüsste. Hier die Grundregeln laut Knigge und mir für gutes Benehmen:

1. Ein freundlicher Umgangston

Eine Prinzessin sollte unaufgefordert Worte an passenden Stellen einsetzen können wie „Bitte", „Vielen Dank", Formeln wie: „Freut mich, Sie kennen zu lernen," und „Das wär doch nicht nötig gewesen" (wenn der Liebste mit einem Strauß Blumen kommt). Wenn ihr das Essen nicht schmecken sollte, darf sie auf gar keinen Fall die Nase rümpfen und „Ihhhgitt" sagen, sondern sollte das Besteck ordentlich nebeneinander legen mit den Worten: „Tut mir leid, Mutter, aber das ist nicht so ganz mein Geschmack!"

2. Tischmanieren

Nicht schmatzen, nicht grunzen oder rülpsen, nicht mit vollem Mund reden und nicht in den Teller hängen, der Ellbogen mit der Gabel sollte angehoben sein und die linke Hand sollte nicht unter dem Tisch oder vor dem Teller, sondern daneben liegen. Wenn alle am Tisch mit dem Mahl fertig sind, darf die Prinzessin aufstehen. Sie legt Messer über Gabel auf den Teller von rechts nach links und vergisst auch nicht, ihren Stuhl wieder unter den Tisch zu schieben. Prostet man sich zu, sieht man sich dabei freundlich in die Augen.

3. Reinlichkeit

Eine Prinzessin sollte auf jeden Fall vor dem Essen die Hände mit Seife waschen, besonders wenn sie vom Spielen zurück ins Schloss kommt, zwischdurch auch dann, wenn sie die königlichen Hunde gestreichelt hat. Auch sollten ihre Fingernägel geschnitten, sauber und vielleicht sogar lackiert sein. Auch sollte sie im Abstand von ein paar Tagen baden oder duschen und ihr Haar waschen. Tägliches Haarekämmen und Zähneputzen mehrmals am Tag versteht sich von selbst. Schließlich soll eine Prinzessin ein wunderschönes Lächeln haben und das wäre mit gelben Zähnen ziemlich schwierig. Mir hat man als Kind immer gesagt, Prinzessinnen bürsten 100 Bürstenstriche, deshalb sieht ihr Haar so seidig und glänzend aus.

4. Haltung

Eine Prinzessin sollte auf jeden Fall eine gute Haltung haben. Dabei hilft ihr regelmäßiger Sport, besonders Reit- oder Ballettunterricht. Auch die Übung mit einem Buch auf dem Kopf durch den Raum zu schreiten, kann für eine gute Haltung förderlich sein.

5. Ladys first

Die Dame bzw. die Prinzessin darf immer vor dem Prinzen durch die Tür gehen. Es sei denn, es befindet sich noch eine ältere Königinmutter neben ihr, die ebenfalls durch die Tür schreiten möchte. In einem Fahrstuhl sollten allerdings diejenigen zuerst heraus, die vorne stehen und diejenigen zuerst hinein, die schon an der Tür des Liftes gewartet haben. Auch in einer Schlange hat eine Prinzessin kein Recht auf vorzeitige Behandlung hier gilt: wer zuerst da war, kommt zuerst dran.

6. Sonstiges

Im Sitzen schlägt eine Prinzessin die Beine vornehm übereinander. Beim Niesen und Husten hält sie die Hand vor Nase oder Mund. Und ganz wichtig: sie sollte nicht laut pupsen.

Warum sich Mädchen schminken

Als ich meine Tochter eines Tages in den Kindergarten brachte, hatte sie zusätzlich zu ihrem Kindergartenrucksack noch eine kleine Handtasche dabei. „Was hast du denn da alles drin?", fragte ich amüsiert. „Meinen Lippenstift, falls ich mich am Vormittag mal nachschminken muss!" Ich staunte nicht schlecht, denn von mir kannte sie das nicht. Ich glaube, ich habe in meinem ganzen Leben nur einen einzigen Lippenstift verbraucht. Ich mag persönlich Lippenstifte nicht besonders und habe nie einen in meiner Tasche dabei. Ist also der Wunsch sich zu Schminken angeboren? Und warum schminken sich Männer nicht? Wann haben die Frauen mit dem Schminken angefangen? Hätten wir nie damit begonnen, würden wir uns doch auch wie die Männer fühlen: Natürlich schön!

Schminken

So ein Schminkkästchen mit Schminke, Bürste, Haargummis, Abschminke, Cremes usw. ist ein hübsches Geschenk für Mädchen. Auch ein bunter Schminkkasten mit Pinseln, mit dem man sich als Fee, Katze, Tiger oder Maus schminken kann, ist sehr beliebt. Schminken Sie doch einmal ihrer Tochter und deren Freundinnen Ringe an die Finger, Uhren an die Arme, Tattoos wohin auch immer, Socken an die Beine oder Gesichter auf die Knie.

Schminkkästchen

Dazu braucht man:

- altes Nähkästchen von Oma oder vom Flohmarkt
- feines Schleifpapier
- Kreppklebeband, Alleskleber
- verschiedene Acrylfarben, farbloser Lack
- verschiedene bunte, gemusterte Papiere
- evtl. einen passenden Spiegel (Zuschnitt im Baumarkt)
- Schraubenzieher, Pinsel, Pinselreiniger, Schere

NAGELLACK

Jedes hübsche Kästchen lässt sich in ein wunderschönes Schminkkästchen verwandeln.

— Die einzelnen Teile außen leicht anschleifen und trocken abwischen.

— Die Kanten vorsichtig abkleben, damit beim Anpinseln saubere Kanten entstehen.

— Verschiedene Farben selber mischen und mit dem Pinsel auf die Einzelteile auftragen. Den Anstrich mehrmals wiederholen und gut trocknen lassen. Das Kreppband abziehen und eventuell die Kanten nochmals vorsichtig abschleifen.

— Die Farbe mit dem Klarlack versiegeln. Den Lack ganz trocknen lassen.

— Das Kästchen wieder zusammenschrauben (viel Glück!). Auf einer Seite habe ich in den Deckel noch einen Spiegel geklebt.

— Aus schönem Papier für die einzelnen Kästchen entsprechend große Bodenstücke ausschneiden und hineinlegen.

Das Kästchen steht nun bereit für all den schönen Krimskrams, den Mädchen eben so brauchen: Lippenpflege, Nagellack, Spiegelchen, Haarschmuck ...

Schönheitstage – Mutter Tochter Tage

Gönnen Sie sich doch mal einen Mädelstag, den Sie ganz unter das Motto Wohlfühlen und Schönheit stellen. Das ist nicht nur lustig, das tut auch richtig gut.

Nehmen Sie ein Entspannungsbad, legen Sie eine Gesichtsmaske auf (Vorsicht: nicht alle Masken sind schon für Kinder geeignet. Wenn sie ganz sicher gehen wollen, empfehle ich Ihnen die ganz gewöhnliche Quarkmaske mit Gurkenscheiben. Die tut der Haut wirklich gut und ist völlig ungefährlich), cremen Sie sich danach schön ein. Nach einer Pedi- und Maniküre lackieren Sie Ihrer Tochter die Nägel und vielleicht kann Ihre Tochter umgekehrt Ihnen ein paar schöne Muster auf die Fingernägel malen. Zum Beispiel rot mit weißen Punkten, Blümchen, jeden Nagel in einer anderen Farbe, Streifen oder Herzen.

Schlafmasken

Nicht umsonst heißt der Schönheitsschlaf Schönheitsschlaf. Auch als Nichtprinzessin kennt man das: wer schlecht schläft, sieht schlecht aus – also ist Schlaf eines der wichtigsten Dinge für die Schönheit einer Prinzessin und solche, die es werden wollen. Und wenn es manchmal schwer fällt, die Augen entspannt zu schließen und zur Ruhe zu kommen, empfehle ich eine unserer selbst genähten Schlafmasken:

Einfach aus einem angenehmen Stoff (Baumwolle ist für die Augen am angenehmsten, darunter schwitzt man nicht) eine Augenmaskenform ausschneiden. Dann einen beliebigen Stoff in der gleichen Form ausschneiden und beide Formen zusammennähen. Wenn man zwei labbrige Stoffe hat, kann man noch einen dünnen Fließ dazwischen legen. Jetzt geht es ans Verzieren: Wie wäre es mit dem „Ich seh nur noch Herzen"- oder „Ich sehe dir in die Augen, auch wenn ich schlafe"-Design? Oder wollen Sie eine schöne Borte außen herum nähen und etwas Nettes mit Stofffarben darauf stempeln. Zum Beispiel: „Träume süß" oder „Gute Nacht" oder „Bitte nicht stören" oder „Küss mich!"

Wieder einmal sind Kreativität und Fantasie keine Grenzen gesetzt!

Schmuck

Schmuck gehört natürlich unbedingt zu den beliebten Mädchensachen. Jetzt könnten wir natürlich einfach sagen: Gehen Sie in die nächste Perlerie und kaufen Sie für 50 Euro Perlen (das ist dann wohl so eine halbe Hand voll) und dann fädeln Sie sie einfach auf. Doch das wäre a) zu teuer und b) zu einfach und c) nicht im Sinne unseres Buches. Darum haben Fumi und ich uns tagelang in unsere Ideenhöhlen verkrochen und ausprobiert: wie kann man Schmuck basteln, der schön ist, nicht zu teuer und nicht zu schwierig herzustellen? Nach einigen ziemlich hässlichen Fehlversuchen (zumindest bei mir) fanden wir schließlich einige sehr hübsche Möglichkeiten, die so gut bei unseren Mädchen ankamen, dass wir bereits darüber nachdenken unsere Berufe an den Nagel zu hängen und Schmuckdesigner zu werden – aber erst nachdem wir Lampendesigner, Barbieklamottendesigner, Taschendesigner usw. probiert haben. Und glauben Sie mir, Schmuck mit den Mädchen zu kreieren macht so viel Spaß!

Bollen

Ja, ich liebe Bollen! Sie sind so schön rund und prall. Ich habe auch eine ausgewählte Murmelsammlung. Murmeln aus meiner Kindheit, aus Zeiten des Studiums, aus Siena, aus Tokio, aus Wien. Kugeln aus Holz, aus Stein. Ich habe Murmeln auch schon eingehäkelt für einige Schmuckideen in diesem Buch.

Im Herbst sammle ich viele Kastanien, um sie alle in eine große Schale zu füllen und meine Hände darin verschwinden zu lassen. Ah, was für ein schönes Gefühl!

Nächste Bollenprojekte könnten sein: Bälle aus Stoff, Sitzbollen gestrickt oder gehäkelt, Bollentaschen, Bollenmützen, Bollen an Mützen, Bollen für Haarknoten etc.

Jetzt muss ich los, die Bollen rufen!

Für Bollen aus Wolle gehäkelt braucht man:

- Wollreste, Füllwatte, passende Häkelnadel

Ich häkle fünf Luftmaschen, steche dann in die vorletzte Masche ein und häkle im Kreis, ohne weitere Maschen zuzunehmen. Wenn eine Halbkugel entstanden ist, fülle ich sie mit Füllwatte und häkle diese ein, indem ich die Kugel möglichst rund zu Ende häkle. Dabei jeweils zwei Maschen zusammenhäkeln.

Nach einigen unifarbenen Bollen kamen zweifarbige Kugeln dazu und bestimmt folgen noch gehäkelte Kugeln mit Perlen.

Für Bollen aus Stoff genäht braucht man:

- Stoffreste
- festes Nähgarn
- Füllwatte
- Stoffschere
- Nähnadel

Passend zur Bollengröße nehme ich ein Stück Stoff und schneide mir ein Quadrat zurecht. Für eine Bollenkette zum Beispiel nehme ich Quadrate in der Größe 5x5 cm. Ich fädle einen ca. 60 cm langen Faden auf, nehme ihn doppelt und verknote ihn am Ende. Jetzt steche ich in eine Ecke und dann in die gegenüberliegende Ecke, ziehe die Stoffecken zusammen und lege in die Mitte des Quadrats ein walnussgroßes Stück Füllwatte. Jetzt nähe ich nach und nach immer wieder gegenüberliegende Ecken zusammen, bis sich eine Stoffkugel geformt hat. Diese Stoffkugel ist bis auf die Vernähstelle wirklich schön bollig. Die Nahtstelle wird beim Weiterverarbeiten (auf T-Shirts, auf Geschenkbändern …) nach unten gedreht, sodass sie nicht sichtbar ist.

NUSS

Walnüsse

Dazu braucht man:

- Walnüsse
- verschiedene Plakafarben (auch gold!)
- Klarlack
- alles, was in so eine Walnusshälfte passt
- Bänder

Werkzeug:

- Nussknacker oder Zange, Schleifpapier, Kastanienbohrer (fein) oder Akkubohrer (fein), Pinsel, Klebepads oder Alleskleber

Wenn Sie beim Walnussessen vorsichtig sind und die Schalen in wunderschöne Hälften zerteilen, dann haben Sie schon die Hälfte der Arbeit geschafft.

Die Walnussschalen innen mit feinem Schleifpapier ausschleifen, mit der runden Seite nach oben auf ein altes Holzbrett legen und mit einem feinen Kastanienbohrer (ein kleiner Akkubohrer tut es natürlich auch) vorsichtig ein Loch für die Aufhängung bohren. Ich habe verschiedene Kastanienanhänger gebastelt und dabei die Farben variiert. Besonders schön finde ich, wenn die Walnuss außen rosa angemalt ist und innen golden. Probieren Sie verschiedene Variationen aus. Immer nur eine Seite anmalen, trocknen lassen und dann die andere Seite bepinseln. Wenn die Farbe getrocknet ist, können Sie die Walnuss mit Klarlack lackieren.

Das Innenleben der Walnuss ist ganz nach Geschmack der Schmuckträgerin. Einzige Voraussetzung ist die Größe, denn in der Schale muss es Platz haben. Das Objekt mit einem Klebepad oder mit Alleskleber in die Walnussschale kleben und trocknen lassen. Zum Schluss noch ein farblich passendes Band (aus Leder, Stoff, Garn ...) durch das Loch fädeln und verknoten.

Golddraht

Es gibt Material, das entdeckt man, und mit dem Material kommen einem die Ideen. Dieser Golddraht, ich habe ihn auch in Silber und es gibt ihn natürlich auch in Kupfer, gehört einfach zur Bastelausrüstung. Ich habe mit dem Golddraht eine Feenhauskugel eingehäkelt und dabei festgestellt, dass er sich wie Garn verwenden lässt. Für Golddrahtschmuck habe ich Steine und Murmeln eingehäkelt.

Dazu braucht man:

- flache Steine oder Glasmurmeln
- Golddraht
- Plakafarbe
- Bänder
- Häkelnadel, Pinsel

Man beginnt damit, dass man fünf Luftmaschen anschlägt und dann wie in der „Basisbeschreibung Häkeln" (siehe Seite 57) im Kreis häkelt. Die Maschen dabei nicht zu locker anschlagen, aber auch nicht zu fest. Man findet aber sehr schnell heraus, wie man mit diesem „starren Garn" häkelt.

Bei einem flachen Stein wird ein Kreis in Größe des einzuhäkelnden Objekts gehäkelt. Der Stein wird in der Mitte platziert und dann mit abnehmenden Maschen eingehäkelt. Bei einer Glaskugel häkle ich wie bei einem Woll-Bollen zunehmend und dann abnehmend eine Kugel. Bei den Steinen finde ich es spannender, wenn ein Loch vorne frei bleibt und nicht der ganze Stein eingehäkelt wird. So kann man das vorhandene Muster des Steines bewundern oder noch eine kleine Botschaft auf den Stein pinseln.

Durch das Drahtgeflecht habe ich vorsichtig ein farblich passendes Baumwollband gezogen. Dabei habe ich 2 Maschen durchzogen, damit die Spannung auf den Draht nicht zu stark wird.

Stoffblumenknopf

Dazu braucht man:

- Stoffreste
- Knöpfe
- Garn
- Anstecknadeln (aus dem Bastelbedarf)
- Stoffschere, Nähnadel

Stoffblumen ausschneiden, passenden Knopf aussuchen und darauf nähen, dann den Stoffblumenknopf an einer Broschennadel oder einem Haargummi festnähen.

Jeansarmbänder

Dazu braucht man:

- alte Jeans
- verschiedene schöne Stoffe, Bänder, Perlen, Glöckchen, Knöpfe etc.
- Garn
- Nähmaschine oder Nähzeug
- Kordel oder Gummiband

Die Jeans wird in Streifen geschnitten – man kann breitere und schmalere Streifen machen, je nach Geschmack. Man braucht pro Armband zwei Streifen. Messen Sie das Handgelenk ab, dann wissen Sie, wie lang der Streifen sein sollte. Nun nähen Sie auf den einen Streifen die Dinge oder Formen wie Glöckchen, Herzen aus Stoff, gehäkelte Blumen oder Knöpfe etc. Jetzt werden beide Streifen mit einem Zickzackstich aufeinander genäht, damit der Jeansstoff nicht so ausfranst. Jetzt kann man an den Enden ein Gummiband annähen oder Kordeln zum Verknoten. Vielleicht haben Sie auch Lust mit etwas dickerem Garn die Kanten noch einmal per Hand zu versäumen.

Diese Bänder sind übrigens auch als Fußbänder schön zu tragen.

Flickenteppich-Armbänder

Dazu braucht man:

- Flickenteppichreste
- Nähmaschine
- Dinge zum Verzieren

Von meinem Flickenteppich, den ich für 3,90 Euro in einem Baumarkt gekauft habe und der schon für zwei Taschen auseinandergeschnitten wurde, nahm ich nun auch noch die Reste. Ich schnitt sie ca. 40 cm lang und 6 cm breit zurecht. Man kann diese Bänder sowohl mit den Flicken – also längs, als auch gegen die Flicken schneiden. Wichtig ist: Da hier viele einzelne Stoffbänder miteinander verwebt wurden, löst sich der Teppich sofort auf, wenn man ihn zerschneidet. Darum muss er sofort vorsichtig auf die Nähmaschine gelegt und an den Rändern vernäht werden. Längs mit einem Zickzackstich und quer mit einem kleinen normalen Stich. Dann werden bei dem Längsarmband rechts und links die Bänder so abgeschnitten, dass noch jeweils zwei Bänder von ca. 12 cm Länge übrig bleiben, um das Band am Handgelenk zu verknoten. Bei dem anderen Band wird ausgefranst und zwar so, dass das Garn, mit dem der Flickenteppich genäht wurde, auf jeder Seite einmal verknotet werden kann und auch zum Binden genug Garn übrig ist.

Herzkollektion

Herzen zum Umhängen kann man aus bunten Stoffen machen. Das ist besonders schön, wenn man mehrere Stoffe übereinander näht.

Man kann Herzen aus alten Jeans ausschneiden und mit Knöpfen verzieren. Umnähen Sie das Herz mit rotem oder pinkem Faden, das sieht schön aus. Im Perlenladen (oder Internet) – jetzt muss ich Sie doch kurz dorthin-schicken, gibt es sogenannte „Nietstifte" oder „Kettelstifte". Das sind klitzekleine Hutnadeln, auf die man Perlen stecken kann und deren Enden sich mit einer kleinen Zange zu einer Öse umbiegen lassen, durch die man dann das Halsband stecken kann. An den Nietstiften können Sie auch die Jeansherzen befestigen.

Mit Hilfe einer Nadel führen Sie das Halsband durch das genähte und mit Watte gefüllte Herz hindurch. An das Ende können Sie Holzperlen hängen, damit das Band nicht durchrutscht und es so noch schöner aussieht.

Das andere genähte Herz hat ein Band von einem Flickenteppich, das oben zur Öse eine Schlaufe bildet. Auch als Schlüsselanhänger macht sich dieses Herz gut. Einer der Stoffe ist wieder aus einem Stoffmusterbuch. Nur das Lederband und die Perlen sind gekauft.

Filzcollier

Dazu braucht man:

- Lederbänder
- Filz in verschiedenen Farben
- Holzperlen
- Garn und Nadel
- Nähmaschine

Herzen, Blumen und Schmetterlinge aus Filz ausschneiden und immer zwei verschiedene Farben zusammennähen. Vielleicht in die Mitte in einer dritten Farbe ein kleineres Herz bzw. Blumenpunkt etc. nähen. Den Filz mit der Hand an ein Lederband nähen, dazwischen farblich passende Holzperlen fädeln.

Schmuckbüste

Den Schmuck kann man auf einer selbstgemachten Schmuckbüste aufbewahren und so auch wunderschön präsentieren.

Dazu braucht man:

- Seidenpapier (Japanpapier)
- Tapetenleim
- Pinsel
- ein lebendes Modell
- Frischhaltefolie
- Vase oder Flasche als Ständer
- Gipsbinden
- Wasser
- Creme

Das Modell steckt erst mal sein Haar hoch (wir hatten Glück, denn unser Modell war eine alte Schneiderpuppe, die sehr lange still stehen konnte). Nun werden Hals und Dekolleté mit Creme einschmiert und die Gipsbinden erst durchs Wasser gezogen, dann darauf verteilt und glatt gestrichen. Man kann die Binden bis in den Nacken ziehen, achten Sie darauf, dass das Modell trotzdem noch gut atmen kann. Lassen Sie hinten einfach einen Spalt frei, dann bekommt man die Gipsbüste auch leichter wieder ab. Wenn der Gips halbwegs getrocknet ist – das dauert gar nicht so lange – kann man entweder den Nackenbereich vorsichtig aufschneiden und abnehmen oder, wenn die Form am Rücken sowieso offen ist, vorsichtig abziehen. Stellen Sie die Büste zum gänzlichen Trocknen noch über eine Vase oder Flasche. Das Gipsmodell lässt sich noch mit Seidenpapier verfeinern. Wenn der Gips getrocknet ist, haben Sie nun Ihr Grundmodell, um darauf so viele Seidenpapierdekolletés herzustellen, wie Sie wollen.

Umkleiden Sie das Gipsmodell mit Frischhaltefolie, damit sich das Pappmaché-Dekolleté später gut abziehen lässt. Reißen oder schneiden Sie das Seidenpapier in Streifen. Ziehen Sie nun die Streifen durch den vorher angesetzten Leim und tragen Sie so mehrere möglichst glatte Schichten auf ihr Modell auf. Lassen Sie es das Ganze einen Tag trocknen. Dann nehmen Sie es vorsichtig ab. Entfernen Sie die Frischhaltefolie und stellen Sie das Modell auf einen Ständer. Schmuck anlegen – fertig.

Wenn Sie unseren Schmuck mit den Mädchen aus Ihrem Freundeskreis herstellen und vielleicht beim nächsten Sommerfest oder Schulfest einen Schmuckverkaufsstand machen, eignet sich diese Büste sehr gut für eine schöne Präsentation. Die anderen Ketten können Sie mit ebenfalls schön bemalten Wäscheklammern an eine Wäscheleine hängen und die Armbänder um ein Stück hölzernes Treibgut wickeln.

Blumen

Blumenkranz

Setzen Sie sich doch mit ihrer Tochter einmal in eine Wiese und flechten einen Blumenkranz. Als Grundlage eignet sich Buchsbaum, dann wird der Kranz schön dick. Beginnen Sie damit, einige Buchszweige mit einem Draht zusammenzubinden. Jetzt wickeln Sie den Draht immer einmal um die Zweige herum und stecken immer neue Buchszweige bzw. Blüten, Blumen oder kleine Äste in die bereits zusammengebundenen Zweige, sodass das Geflecht immer länger wird. Legen Sie es zwischendurch zur Probe an den Kopf, um zu prüfen, ob es lang genug für einen Kranz ist. Wenn er passt, stecken Sie Anfang und Ende des Gebindes zusammen und wickeln noch einmal Draht darum, damit es gut hält. Jetzt kann der Blumenkranz getragen werden. Am Abend legen Sie ihn entweder in eine große Schale mit Wasser und stellen sie diese als Dekoration auf den Tisch, oder Sie hängen den Kranz als Türkränzchen auf.

Natürlich können Sie einen Kranz auch ganz aus Blumen machen. Vielleicht wissen Sie noch, wie man einen Kranz aus Gänseblümchen macht? Da gibt es verschiedene Möglichkeiten:

Mit dem Fingernagel ein Loch unten am Stängel des Blümchens drücken. Dann das nächste Blümchen durch dieses Loch hindurch bis zum Köpfchen. Und in dieses Blümchen wieder ein Stängelloch usw. Oder Sie flechten die Blümchen zu einem Zopf. Dazu brauchen Sie allerdings möglichst lange Gänseblümchen. Während Sie flechten, kommen immer neue Blumen dazu, die mit eingeflochten werden. Oder Sie nehmen ein langes Gänseblümchen und zwicken mit den Fingernägeln bei allen anderen die Stiele knapp unter der Blüte ab. Nun entsteht unter der Blüte ein Loch. Durch dieses kann der Stängel der langen Blume hindurch gesteckt werden – also direkt durch die Blüte. Fädeln Sie auf diese Weise ein Köpfchen nach dem anderen auf. Das sieht wirklich toll aus!

Gänseblümchen

Gänseblümchen werden übrigens auch Maßliebchen, Tausendschön, Augenblümchen, Himmelsblume, Maiblume, Marienblümchen, Mondscheinblume oder Morgenblume, genannt. In der Schweiz nennt man sie Gisegeisseli oder Margritli (kleine Margerite). Es gibt einen keltischen Glauben, der Verzehr von Gänseblümchen würde das Wachstum stoppen. Eine irische Sage erzählt von der Fee Milka, die dem Königskind heimlich Gänseblümchenspeisen zu essen gibt, damit es nicht erwachsen wird. Und man sagt, wer die ersten drei Gänseblümchen des Jahres isst, wird in jenem Jahr von Krankheit verschont. Und nicht zu vergessen: das Gänseblümchenorakel. Dabei wird jedes einzelne Blütenblatt ausgezupft begleitet von den Worten: Er liebt mich, er liebt mich nicht ...

Im Englischen werden die Gänseblümchen übrigens Daisies genannt, und wenn es heißt „Pushing up the Daisies", hat man wohl schon ins Gras gebissen oder sieht sich die Gänseblümchen von unten an. Außerdem kann man aus Gänseblümchen Suppe machen oder Salat. Sie sollen anregend auf den Stoffwechsel wirken (vorausgesetzt natürlich, man pflückt sie nicht auf einer Hundewiese oder an einer Autobahn).

Lasst Blumen sprechen!

Jede Blume hat ihre ganz eigene Bedeutung.

So heißt es zum Beispiel:

rote Rose = Leidenschaft und Liebe
rosa Rose = Jugend und Schönheit
weiße Rose = Unschuld und Treue
Sonnenblume = Fröhlichkeit, Spaß
Margerite = steht für Natürlichkeit

„Ich hab heut ein paar Blumen nicht gepflückt, um dir ihr Leben zu schenken." (Christian Morgenstern)

„Was der Sonnenschein für die Blumen ist, das sind lachende Gesichter für die Menschen." (Joseph Addison)

„Blumen können nicht blühen ohne die Wärme der Sonne, Menschen können nicht Mensch werden ohne die Wärme der Freundschaft." (Phil Bosmans)

Mittsommerfest

Wenn ein Mädchen zur Sommersonnenwende verschiedene Blüten von sieben verschiedenen Wiesen pflückt, diese unter ihr Kopfkissen legt und darauf schläft, träumt es von dem Jungen, den es einmal heiraten wird.

Zwei Blümlein blühen auf einer Au
Das eine rot, das andere blau
Das Blaue sprach: Vergissmeinnicht
Das Rote sprach: Ich liebe dich

Die Blümelein, sie schlafen
Längst im Mondenschein
Sie nicken mit den Köpfen
Auf ihren Stängelein
Es rüttelt sich der Blütenbaum
Er säuselt wie im Traum:
Schlafe, schlafe,
schlaf gut, mein Kindelein!

Text: Anton Wilhelm von Zuccalmaglio

Damit auch im Winter die Blumen in Ihrer Wohnung nicht zu kurz kommen, basteln Sie doch einfach welche. Als Kopfschmuck, Blumenketten, Blumengirlanden … Sie können diese Blumen auch an Zweige stecken, ein selbstgemachter blühender Kirschblütenzweig zum Beispiel. Das sieht wunderschön aus.

Blumenketten

Dazu braucht man:

- Papier in allen erwünschten Farben und Strukturen: buntes Kopierpapier, Geschenkpapier, Origamipapier, Laternenpapier, Transparentpapier, alte Zeitschriften …
- kleine Perlen
- Garn und eine Nähnadel, die durch die Perlen passt
- grüne Wolle oder Kordel
- Schere

Ausschneiden: Zu Beginn werden viele – und ich meine wirklich viele – Blütenblätter ausgeschnitten. Ein Blütenblatt ist ein Blatt in Form einer Blume. Für eine Blüte habe ich bis zu 9 Blütenblätter verwendet. 5–6 Blütenblätter sind mindestens empfehlenswert. Schneiden Sie dabei frei Hand Blüten in verschiedenen Größen aus dem Papier.

Trick: Nehmen sie das Papier mindestens 4-fach, oder so, dass es noch gut zu schneiden ist, dann haben Sie mehrere Blüten auf einmal! Sie können auch ein paar grüne Blätter ausschneiden.

Falten: Damit die Blütenblätter mehr Volumen bekommen, habe ich die einzelnen Blätter gefaltet. Zur Hälfte, dann nochmal zur Hälfte und dies nochmal zur Hälfte. Danach wieder auseinanderfalten.

Zusammenstellen: Um die Blüten zu schaffen, suchen Sie jetzt verschieden große Blütenblätter (5–9 Stück) zusammen und legen diese nach Größe sortiert aufeinander. Sehr schön kommen die Farben zur Geltung, wenn zwischen starken Farben ein transparenteres Papier liegt.

Auffädeln: Nehmen Sie ein ca. 30 cm langes Stück Garn, legen dieses doppelt und verknoten das Ende doppelt, sodass es nicht durch die Blütenblätter rutscht. Darauf fädeln Sie die Blütenblätter (mit dem Größten beginnend) auf und enden mit dem kleinsten. Suchen Sie eine farblich passende Perle, fädeln Sie sie auf die Nadel und stechen neben das bestehende Loch durch alle Blütenblätter hindurch. Auf der Rückseite der Blüte verknoten Sie das Garn, lassen aber ein langes Stück Garn überstehen (Sie brauchen es später noch zum Vernähen). So verfahren Sie mit allen Blütenblättern, bis Sie einen großen Berg Blumen haben.

Häkeln: Für die Blumenkette häkeln Sie entweder eine Schnur (nur Luftmaschen) aus grüner Wolle, oder nehmen eine Kordel ihrer Wahl in der Länge der Kette plus Zugabe für die Schleife.

Kette fertigstellen: Auf die Schnur oder Kordel nähen Sie nun in Abständen die Blüten auf. Die Blätter können Sie dazwischen nähen.

Als Haarschmuck

Die Blüten sehen auch wunderschön im Haar aus. Dafür eine Blüte um eine Haarklammer nähen.

Als Brosche

Wer eine Brosche haben möchte, braucht dafür einen Broschenhalter (erhältlich im Bastel- oder Perlenladen), auf den man die Blüte nähen kann.

Um den Blumenschmuck etwas haltbarer zu machen, kann man ihn vorsichtig (mit genug Abstand, damit das Papier nicht nass wird) mit Haarlack besprühen. Übernehmen Sie diese Aufgabe, damit Ihr Kind nicht den Sprühnebel einatmen muss. Dennoch ist es ein zarter und empfindlicher Schmuck, der wie eine echte Blumenkette mit viel Liebe und Vorsicht behandelt werden möchte.

Ballett

Wieder totaler Mädchenkram. Ein Hoch auf die wenigen Jungs, die sich trauen ebenfalls ins Ballett zu gehen. Weil nämlich Ballett einfach schön ist und Spaß macht. Ballett ist die Kunst, mit Musik und Bewegungen eine Geschichte zu erzählen. Ohne Worte.

Gehen Sie an ihrem Mutter-Tochter-Tag doch mal in ein richtiges Ballett in klassischer Inszenierung. Die wunderschöne Musik, die Bewegungen der Tänzer, die romantischen Kostüme lassen jedes Mädchenherz höher schlagen.

Und zu Hause? Tanzen Sie doch einfach mal. Legen Sie Klassische Musik auf und denken Sie sich eine Geschichte aus, die sie gemeinsam nachtanzen. Nur zu! Nur Mut! Es sieht ja keiner!

So sehen die Grundschritte aus:

Und wie wäre es mit einem selbst genähten Tutu für ihre kleine Ballettmaus?

Nehmen Sie ein rosa Unterhemd und eine rosa Unterhose ihres Kindes – kann natürlich auch ein rosa Ballettanzug sein. Besorgen Sie rosa Tüllstoff. Er sollte ca. 2,50 m lang und 1 m breit sein. Jetzt falten Sie den Tüll einmal über die ganze Länge und nähen an der Falznaht entlang einen Tunnel für das Gummiband, das Sie zuvor an der Taille ihrer Tochter abgemessen haben. Durchfädeln geht am besten, wenn Sie den Anfang vom Gummi mit einer Sicherheitsnadel versehen und das Ende mit einer Sicherheitsnadel am Eingang des Tunnels feststecken, damit es ihnen nicht hineinrutscht. Nach dem Durchfädeln beide Enden des Gummis miteinander verknoten – fertig. Nun beginnt die schöne Arbeit: das Verzieren mit Borten oder kleinen Röschen.

Taschen

Was wäre eine kleine süße Prinzessin ohne ein kleines süßes Handtäschchen?

Frauen und Taschen – ein Thema für sich. Wir brauchen Taschen in allen Größen und Farben. Es muss schließlich alles zusammenpassen. Und trotzdem sollte auch noch einiges hineinpassen. Lippenstift, Schlüssel, Taschentücher, Handy, Geldbeutel ...

Wie oft verschwinden wir Frauen fast gänzlich in unseren Taschen und wühlen darin herum, bis wir dies oder jenes gefunden haben, aber wir finden es meistens. Männer finden in unseren Taschen nie etwas. Aber sie haben meist ja auch nichts in unseren Taschen verloren.

Trotzdem würde ich mir manchmal eine Tasche wünschen, die von außen klein und zierlich aussieht, aber innen viele kleine extra Täschchen hat, auf denen dann noch draufsteht, was drin ist.

Taschen aus T-Shirts

Dazu braucht man:

- Kinder T-Shirts oder Unterhemden
- Stoffreste, Bänder, Perlen
- Nähgarn, große Knöpfe
- ggf. Bambus-Taschengriffe (aus dem Bastelbedarf)
- Stoffschere, Nähmaschine, Nähnadel

Aus T-Shirts lassen sich ganz wunderbar Taschen herstellen: Die Ärmel der T-Shirts abtrennen und einige Zentimeter der Seitennähte auftrennen. Das T-Shirt so legen und bügeln, dass die vergrößerten Ärmelöffnungen vorne und hinten liegen. Diese Ärmelöffnungen sind jetzt die Henkel der Tasche. Die aufgetrennten Seitennähte umbügeln und vernähen. Den Boden der Tasche stellt man her, indem man das T-Shirt wendet und die Unterkanten des T-Shirts mit der Nähmaschine zusammennäht. Volumen erhält die Tasche, indem man Dreiecke in die Kanten des Taschenbodens näht.

Die Taschen lassen sich nun noch mit Applikationen oder schönen Bändern schmücken.

Alternativ kann man das T-Shirt auch am Halsausschnitt entlang auf einen Bambus-Taschengriff nähen.

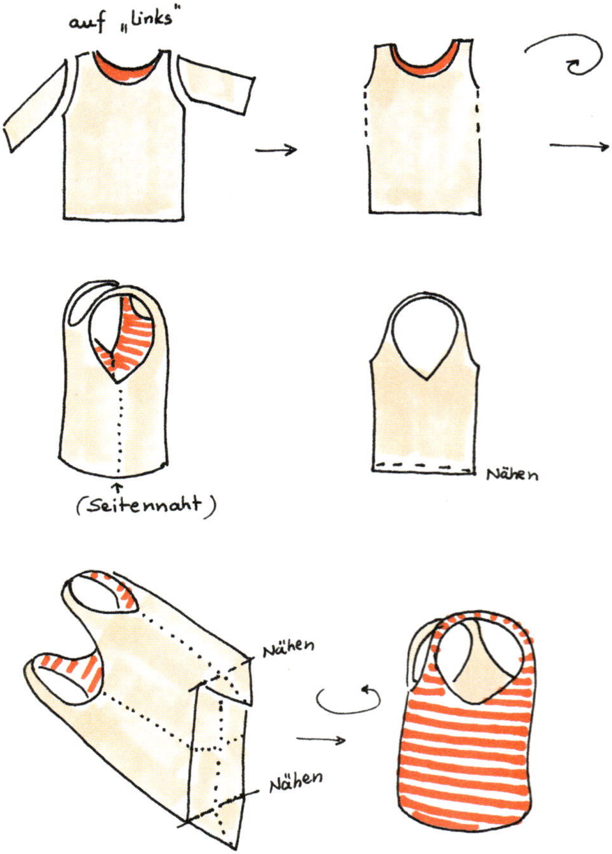

Flickenteppichtasche

Dazu braucht man:

- Flickenteppich
- Nähmaschine
- 3 lange Jerseystoffbänder für den Henkel

Flickenteppich (meiner hat 3,90 Euro gekostet, deshalb fiel es mir auch so leicht ihn zu zerschneiden, gibt es in Möbelhäusern und in manchen Baumärkten).

Platte Tasche

Diese Tasche ist sehr einfach zu nähen. Schneiden Sie aus dem Flickenteppich ein 30x50 cm großes Stück aus. Klappen Sie dieses Stück zu einer Tasche zusammen, das heißt, er wird zweimal gefaltet, sodass auch bereits ein Taschendeckel entsteht. Am besten den Deckel aus dem Ende des Teppichs nehmen, dann hat er gleich schöne Fransen. Jetzt kommt das Wichtigste: Der Teppich würde, wenn Sie ihn nicht sofort an den Seiten mit der Nähmaschine einfassen, auseinander fallen. Also nähen Sie erst einmal mit der Maschine an den Rändern entlang, dann nähen Sie die Tasche zusammen. Jetzt kann man mit Jerseystreifen einen „Zopf" flechten und diesen als Henkel benutzen. Meine Tasche hat vorne noch eine Spirale aus Flickenteppich bekommen. Fertig war meine erste Teppichtasche.

Dicke Tasche

Möchten Sie mehr in der Tasche transportieren, müssen an den Seiten der Tasche zusätzlich Streifen von jeweils ca. 10 cm Breite eingenäht werden. Das ist gar nicht so schwer: einfach den großen Stoff der Tasche um dieses Rechteck herumnähen, dann bekommt die Tasche mehr Volumen. Der Henkel dieser zweiten Tasche besteht ebenfalls aus Flickenteppich.

Wenn Sie heraushaben, wie gut das geht, kann man die Taschen in allen Größen machen. Ich habe mir auch noch eine große Badetasche genäht. Das Wichtigste, wie schon erwähnt, ist es jedoch, die Flicken gut einzusäumen, sonst hält die Tasche nicht und zerfällt.

Herzerl-Tasche

Dazu braucht man:

- braunen, festeren Filz
- weiße „Zuckergussborte"
- weiße Wolle
- Röschen
- braune Kordel (ca. 1 m)
- großer Druckknopf

Ein ca. 20 cm großes Herz zweimal aus dem Filz ausschneiden (man malt sich am besten ein schönes Herz auf ein Papier, faltet dieses und schneidet mit dieser Form zwei genau gleiche Herzhälften aus). Dann schneidet man noch einen Streifen aus dem Filz, der ca. 4 cm breit und 40 cm lang ist.

Jetzt verziert man das eine Herz ganz nach Belieben. Die Kordel könnte als Zuckerguss um das Herz herum genäht werden, mit der weißen Wolle lässt sich ein Wort oder ein Name auf das Herz schreiben. Dazu die Wolle in Buchstaben auf den Filz legen und entweder mit Stecknadeln feststecken und anschließend mit der Maschine im Zickzackstich annähen oder mit Alleskleber die Buchstaben einfach aufkleben. Filz lässt sich sehr gut kleben, und auch Wolle hält gut mit Kleber auf Filz.

Auch ein rosa Filzherz oder kleine Röschen (fertig gekauft oder aus Seidenstoff gerollt) sehen schön auf dem Lebkuchenherz aus.

Jetzt werden die beiden Herzen mit dem langen Filzstück verbunden, indem man die Kanten der Herzen an die Kanten des Filzstreifens näht. Zum Schluss wird die Kordel als Henkel an die Seiten genäht und ein Druckknopf innen im Herz angebracht, damit man die Tasche auch gut verschließen kann und nicht gleich alles heraus fällt. (Wer ein Nähprofi ist, kann auch einen Reißverschluss in die Öffnung nähen.) Fertig ist das Lebkuchenherz!

Für Kichererbsen

Freundinnen

Ich denke, jedes Mädchen – egal in welchem Alter – wünscht sich eine beste, eine allerbeste Freundin. Eine, mit der man alles, absolut alles besprechen kann. Man kann ihr alles erzählen, ohne befürchten zu müssen, dass sie etwas davon blöd findet oder einem etwas neidet. Der Neid ist für mich die schlimmste weibliche Eigenschaft. Wie schön wäre es, wenn die Frauenwelt neidfrei wäre. Doch irgendwie kommen wir wohl schon mit Neid auf die Welt. Die Jungs kennen das nicht in dieser Form. Sie wissen nichts von den kleinen, spitzen Bemerkungen und Handlungen, mit denen eine Frau die andere verletzt. Unsichtbare Waffen.

Ja, so eine Freundin braucht ein Mädchen. Zum Pferdestehlen, um mit ihr durch dick und dünn zu gehen. Und jede, die so eine Freundin gefunden hat, darf sich glücklich schätzen.

Mit einer Freundin kann man:

Jedes Spiel spielen, sich kringelig lachen, kichern, bis man nicht mehr kann, unendlich lange telefonieren, auch wenn man sich erst gesehen hat, über alles sprechen, Geheimnisse austauschen und bewahren, shoppen gehen, Liebesfilme ansehen und sich blöde Liebesromane vorlesen.

Die beste Freundin bringt uns zum Lachen, und sie weint auch mal mit, wenn man traurig ist. Sie ist ehrlich, ohne verletzend zu sein; sie nimmt einen so, wie man ist, und ist immer für einen da.

Lästern, Klatsch und Tratsch und blödes Geschwätz

Lästern macht Spaß, solange nicht über einen selbst gelästert wird.

Ein wenig lästern gehört dazu, man muss sich ja mal austauschen über Dinge, die man an anderen komisch findet. Aber vielleicht kann man jedes Mal, wenn man über jemanden lästert, auch mindestens eine positive Sache über die Person sagen.

Je größer die Lästergruppe ist, umso gemeiner für das Lästeropfer. Auch Mobbing fängt mit Lästern an.

Andererseits haben die Menschen wohl schon immer gern getratscht. Das gehört offenbar zum Menschsein dazu. Es ist eine Art, seine Aggression herauszulassen. Vielleicht kann man es so ein wenig verzeihen. Schließlich ist es besser, ein wenig hinter dem Rücken anderer zu lästern, als immer gleich zuzuschlagen.

Auf dem Land wird übrigens noch öfter gelästert als in der Stadt. Klar, jeder kennt jeden und die meisten Gespräche beginnen mit: „Hast du schon gehört ... ?"

Überprüfen Sie Ihre Lästereien. Sitzt da vielleicht tief verborgen der kleine Neid und reibt sich die Hände. Suchen Sie nach der Ursache. Neid ist ein scheußliches Gefühl irgendwo zwischen Magen, Herz und Hals. Packen Sie den Neid am Schopf, holen Sie ihn heraus und sehen Sie ihm fest ins Gesicht. Wie hat meine liebe Yogalehrerin immer gesagt: „Wenn man auf jemanden neidisch ist, muss man sich fragen: Will ich mit diesem Jemand tauschen? Ganz tauschen? Falls ja, muss ich immer das ganze Paket nehmen. Halbe Sachen gehen nicht".

Es gibt immer jemanden, der mehr hat, immer jemanden, der größer ist als ich. Jemanden, den ich beneiden könnte. Aber es gibt auch immer jemanden, der weniger hat, und immer jemanden, der kleiner ist als ich. Jemanden, der mich beneiden könnte.

Statt sich immer wieder mit anderen zu vergleichen, sollte man erst einmal nach den Dingen suchen, die man selbst gut kann, die einen ausmachen. Darauf kann man aufbauen. Darauf kann man stolz sein.

Beste Freundinnen für immer?

Es gibt sie, die Freundinnen, die einem ein Leben lang treu bleiben, in guten wie in schlechten Tagen, bis das der Tod sie scheidet! Doch wahrscheinlich sind sie eher selten, und sie zu finden, ist möglicherweise fast genauso schwer, wie den Mann fürs Leben zu finden.

Es gibt aber auch Lebensabschnittsbestefreundinnen. Ich hatte immer eine solche. In der Grundschulzeit hatte ich sogar mehrere allerbeste Freundinnen, jede erfüllte einen anderen Zweck. Eine war meine Allerbestepuppenspielfreundin, eine meine Allerbesterollenspielfreundin, eine meine Allerbesteschlagerplaybacksingfreundin, eine meine Allerbesteballettfreundin und eine meine Allerbestebastelfreundin. Das war eigentlich sehr praktisch. Denn ich wusste immer gleich, mit wem ich was tun konnte.

Später hat man dann Freundinnen aus verschiedenen Bereichen: Eine Mutterfreundin aus der Grundschule, eine Arbeitskolleginfreundin, eine alte Freundin von früher und eine Nachbarschaftsfreundin.

Fest steht: Man braucht Freunde im Leben, sonst hat man nichts zu lachen.

Seelenschwestern

Wenn man so eine allerbeste Freundin gefunden hat, merkt man schnell, dass man seelenverwandt ist. Man tickt einfach ähnlich. Hat die gleichen Gedanken, den gleichen Geschmack. Sieht man so zwei Freundinnen auf der Straße, fällt einem auf, dass sie sich meist ähnlich kleiden.

Vielleicht möchte Ihre Tochter mit ihrer besten Freundin wirkliche Seelenschwestern werden! (Das hört sich besser an als Blutsbrüder oder Spuckeschwestern). Um Seelenschwestern zu werden, muss man sich drei Tage und drei Nächte mit einem wunderschönen Band von Handgelenk zu Handgelenk aneinanderbinden. Am besten liegen diese drei Tage und Nächte in den Ferien. Die „Verbindung" mit dem Band muss sehr feierlich vonstattengehen. Zum Beispiel bei einem Lagerfeuer oder mit ganz vielen Kerzen. Aus Kohle oder nur mit Wasser kann den beiden Seelenschwesteranwärterinnen eine Spirale auf die Stirn gemalt werden. Jetzt geht es los. Achten Sie darauf, dass die Mädchen schon vorher T-Shirts anhaben, die 3 Tage und Nächte durchhalten, denn man kann sich nicht umziehen. Sie können die Tage noch spannender gestalten, wenn sie den Mädchen einige Aufgaben geben, die sie erfüllen müssen. Zum Beispiel könnte auf ein Papier ein Freundschaftsschwur geschrieben werden. Das Papier wird anschließend in vier Teile geteilt und den Elementen übergeben. Dem Feuer, der Erde, dem Wasser und der Luft. So wird ein Teil feierlich (alles muss bei mir feierlich sein, sonst gilt es nicht) verbrannt, der zweite Teil vergraben, der dritte Teil als Schiffchen gefaltet und dem Fluss übergeben, und der vierte Teil als Flugzeug von einem Turm aus dem Wind geschenkt.

Nach drei Tagen und drei Nächten wird das Band f----na? – ganz genau, Sie lernen schnell – feierlich durchtrennt. Und nun spüren die Mädchen (vielleicht) wie ein unsichtbares Band sie verbindet. Nun kann man noch Freundschaftsbänder oder Freundschaftsketten austauschen.

Das ist natürlich alles ein Spiel und soll Spaß machen, aber ein bisschen Gänsehaut kann man hier und da schon bekommen, weil ja alles so schrecklich feierlich ist.

FREUNDSCHAFT

Einen Club gründen

Schon in anderen Büchern habe ich von meinem Club erzählt. Ich finde Clubs oder Banden gehören zur Kindheit wie Pflaster am Knie. Mein Club hieß „Der Club der roten Elefanten". Wir hatten Anstecker mit Elefanten und mussten uns immer rot anziehen, wenn wir uns trafen. Wir waren fünf Mädchen und hatten ein Clublager in einem Gebüsch, in das wir Sessel und Tischchen vom Sperrmüll trugen. Es gab einen Eid, den jeder leisten musste, und einen Schwur, den jeder mit Unterschrift und Siegel unterzeichnen musste. Unser Club hatte es sich zur Aufgabe gemacht, Abenteuer zu bestehen – was gar nicht so einfach war, denn Abenteuer liegen nicht einfach so auf der Straße herum, wie alte ausgespuckte Kaugummis. Als eine längere Zeit lang kein Abenteuer zu finden war, beschlossen wir ein neues Ziel zu verfolgen: Gutes tun. Also, versuchten wir möglichst viel Geld zu verdienen, um es für gute Zwecke zu spenden. Und das gelang. Wir schrieben Theaterstücke und führten sie auf, wir führten Hunde Gassi und arbeiteten bei Bekannten im Garten. Die Clubzeit war wirklich eine schöne Zeit, an die ich sehr gern zurückdenke.

Was braucht man alles, um eine Bande oder einen Club zu gründen?

Einen Bandennamen

Zum Beispiel: **Die weiße Möwe**, **Die Hexen von Buxdehude** (oder wo immer die Mädchen wohnen), **Der Club der frechen Mädchen** oder **Die Vampirbande**.

Man kann einen Club auch nach der Tätigkeit benennen: Der Detektivclub **Watson und Holmes** oder **Shirley Holmes** oder einen Bücherclub, in dem man gemeinsam Bücher liest und bei jedem Treffen über bestimmte Stellen diskutiert.
Einen Naturclub **Club der Elfen**, noch besser:
Club der rosa Elfen oder der **Elfen mit den zarten Flügeln**.
Dichterclub oder **Shakespeareclub**,
Der grüne Club – er macht sich zur Aufgabe, die Umwelt zu retten,
der Theaterclub – **Club der Masken**,
Der Singclub – na ja, das könnte dann auch einfach eine Band sein,
oder der Künstlerclub – **Picassoclub** – mit wechselnden Ausstellungen.

Ein Schwur

„Wir schwören, dass wir immer zusammenhalten, zueinander stehen, und immer ehrlich zueinander sind ..." So oder anders könnte der Schwur lauten, der auf ein wunderschönes Papier geschrieben wird, und den jedes Mitglied unterzeichnen muss.

Bei dieser Gelegenheit kann man sich gleich noch einen speziellen Bandengruß überlegen. Auch eine Geheimsprache oder Geheimzeichen sind immer nützlich.

Ein Banden- oder Clubbuch

Hier schreibt man alle Regeln, Aufgaben, Mitglieder und Dinge hinein, die man gemeinsam erlebt hat. Wie ein Banden-Tagebuch. Man kann auch Fotos und Erinnerungen darin einkleben.

Ein Zeichen

Um das Zusammengehörigkeitsgefühl zu stärken, kann man gemeinsam überlegen, welches Zeichen man tragen will. Kleiden in einer bestimmten Farbe, eine Kette mit Anhänger, ein Armband, ein selbst gemachter Button oder ein T-Shirt, auf dem das Motto des Clubs steht.

Ein Clubhaus oder Bandenquartier

Wohin nun mit den Mädels? Ein Clubhaus muss her. Das kann ein Kinderhaus im Garten sein, ein Schuppen, ein Dachboden, ein Kellerraum, aber auch ein Baumhaus oder ein Zelt. Genial ist natürlich ein Wohnwagen wie bei „Die Wilden Hühner" oder ein alter VW-Bus.

Ein Anführer

Ohne Anführer läuft nichts. Mein Sohn hat es clever gelöst als er klein war. Er sagte zu seinem Freund: „Ich bin der Boss und du der Chef". Jede Bande und jeder Club braucht einen, der sagt, wo es langgeht; einen, der alles organisiert, der allen Bescheid sagt, wann das nächste Treffen ist. Wenn man sich nicht für alle Ewigkeit festlegen will, kann man den Anführerjob auch auslosen, darüber abstimmen oder jedes halbe Jahr an den nächsten weitergeben. Meist ist jedoch derjenige der Chef, der den Club ins Leben gerufen hat.

Die Motivation

Was wollen wir erreichen? Was wollen wir tun? Die Bandennamen geben bereits einige Anregungen. Vielleicht nimmt man sich bei jedem Treffen auch eine andere Tätigkeit vor. Auch das kann lustig und spannend sein.

Und die Mamis?

Wie wäre es mit einem Mamaclub? Einem Frauenclub oder einem Club der Mittwochsfrauen? Scharen Sie ein paar der nettesten Freundinnen um sich und unternehmen Sie einmal pro Woche – oder wenn das zu viel ist – einmal im Monat etwas gemeinsam. Vielleicht bereitet jedes Mal eine andere aus dem Kreis das Treffen vor. Vielleicht kochen Sie gemeinsam, tauschen Kleider, gehen ins Kino. Egal was Sie tun – Weiberabende sind klasse!

Und was können Freundinnen noch so machen?

Wie wäre es mit einer Pyjamaparty? Großes Matratzenlager, Schönheitsmasken und Nägel lackieren. Vorlesen mit Taschenlampe, Gruselgeschichten erfinden, wenn es dunkel ist, kichern bis Mitternacht, nächtliches Picknick im Bett, Träumen vom Märchenprinzen und dann am nächsten Morgen ein schwatzendes gackerndes Frühstück.

Als Einladung zur Pyjamaparty kann man kleine Kissen nähen und diese mit Füllwatte befüllen. Auf die Kissen mit einem Stoffstift Datum und Uhrzeit der Party schreiben.

Bitten Sie die Mädchen, ihr eigenes Bettzeug mitzubringen und vielleicht hat die eine oder andere auch noch eine Klapp- oder Luftmatratze.

Im Sommer kann so eine Party auch in einem Zelt im Garten gefeiert werden, wie romantisch! Oder in ganz warmen Nächten unter dem Sternenhimmel auf dem Balkon!

Als kleines Gastgeschenk könnte jedes Mädchen ein Tütchen mit einer schönen Zahnbürste, einer kleinen Zahnpasta, mit Creme, süßer Seife, Haarspange, oder einem Probeparfumfläschchen bekommen.

Poesie

Kennen Sie noch das gute alte Poesiealbum? Es wurde in den letzten Jahren von diversen Freundschaftsbüchern verdrängt, gewinnt aber wieder an Beliebtheit. Kennen Sie noch die alten Sprüche?

Ich hab mich hinten angewurzelt, dass niemand aus dem Album purzelt.

Rosen, Tulpen, Nelken, alle Blumen welken, Glas und Plastik bricht – nur unsere gute Freundschaft nicht!

In allen vier Ecken soll Liebe drin stecken.

Liebe Leute, groß und klein, schreibt mir in mein Album rein, reißt mir keine Blätter raus, sonst ist's mit unserer Freundschaft aus.

Lebe glücklich, lebe froh, wie das Bärchen Haribo, das in seiner Tüte saß und alle anderen Bärchen fraß.

Wenn die Flüsse aufwärts fließen und die Hasen Jäger schießen
und die Mäuse Katzen fressen, dann erst will ich dich vergessen.

Gedichte

Wie wäre es, selbst Gedichte zu erfinden?

Dazu legt man sich erst einmal ein kleines schönes Gedichtsheft an. Da darf man dann ganz für sich erst einmal üben. Gedichte müssen sich nicht immer reimen, oft sind es aneinander gereihte schöne Worte oder Gedanken.

Können sie ein bekanntes Gedicht auswendig? Wie nett ist es, in einer Runde zu sitzen und ein Gedicht aufzusagen. Das klingt jetzt ein bisschen komisch, aber probieren Sie es doch einfach mal aus: Vielleicht kramt jeder in der Runde ein Gedicht aus dem hintersten Eckchen seines Gehirns hervor und eifert Ihnen nach. Und wenn Sie keines mehr auswendig können, versuchen Sie eines übers nächste Wochenende zu lernen. Das ist Gehirnjogging und macht obendrein Spaß!

Ein Gedicht vortragen

Die meisten Kinder leiern Gedichte möglichst schnell herunter. Man hat fast den Eindruck, sie verstehen den Sinn der Worte gar nicht. Wie schön ist es, jedes Wort, das man sagt, in seinem Kopf zu „sehen". Schon klingt es anders. Wichtig beim Vortrag ist es auch, sich Zeit zu lassen. Pausen zu machen. Nicht immer auf Punkt zu sprechen. Vielleicht findet in Ihrer Familie demnächst ein Gedichtwettbewerb statt? Mal was anderes, oder nicht?

Und hier ein wunderschöner Kladdenordner – auch zum Aufbewahren von schönen Briefen oder Tagebuchheften eine tolle Idee:

Kladdenordner

Dazu braucht man:

- fester Pappkarton (aus Versandschachteln)
- Stoff oder Stoffreste
- Geschenkband
- Perlen
- Nähgarn
- Cutter, Schneidematte, Schneidelineal, Bügeleisen, Stecknadeln, Nähnadel, Alleskleber, evtl. Kleister

Wenn Sie einen Kladdenordner für A5-Hefte basteln möchten, sollten Sie auf Karton eine Skizze des Formates plus jeweils 1 cm zusätzlich pro Seite anfertigen. Entsprechend größer wird der Zuschnitt für A4-Hefte oder jedes andere Format.

Für einen Kladdenhalter brauchen Sie 2 gleichgroße Kartons. Wenn diese zurechtgeschnitten sind, suchen Sie einen Stoff, der groß genug ist, um die Pappe zu umwickeln. Nun schneiden Sie diesen Stoff mit einer Zugabe von etwa 1–2 cm zurecht. Ich habe den Stoff erst einmal um den Karton herumgebügelt, dann festgesteckt und mit der Hand festgenäht. Man kann den Stoff aber auch mit Kleister bepinseln und auf den Karton aufziehen.

Für die Bänder müssen oben und unten, rechts und links, auf Vorder- und Unterdeckel, kleine Schlitze in Karton und Stoffbezug geschnitten werden. Dafür vorsichtig mit dem Cutter durch Stoff und Karton schneiden. Bitte übernehmen Sie die Cutter-Arbeit.

Die Deckel aufeinanderlegen und oben wie unten durch Vorder- und Rückseite die Geschenkbänder ziehen. Dabei die Enden so lange überstehen lassen, dass man daraus noch schöne Schleifen binden kann, auch wenn zwischen den Deckeln mehrere Hefte liegen.

Auf den Deckel kann man jetzt Tiere, Törtchen, Namen aus Stoff etc. applizieren. Dafür aus Stoffresten das gewünschte Motiv ausschneiden und mit Alleskleber festkleben.

Jetzt noch passende Hefte mit buntem, etwas festerem Geschenkpapier einschlagen und in die Kladden stecken. Darin lassen sich viele wichtige und schöne Dinge notieren und aufbewahren.

In den Kladdenhaltern kann man aber auch Briefe, lose Blattsammlungen und Bilder aufbewahren.

Briefe

ein Sonnentag im April

Liebe Leser,
Gestern bekam ich mit der Post einen Brief. Na und, werden Sie jetzt denken, das ist ganz normal. Aber es war gar nicht so normal. Denn es handelte sich nicht um eine Rechnung, die ich bezahlen musste, auch nicht um eine Rechnung, die zurückkam, weil ich sie mal wieder falsch ausgerechnet hatte, auch nicht um eine Benachrichtigung, ich hätte 10.000 Euro gewonnen, ohne bei einem Preisausschreiben mitgemacht zu haben. Nein. Es handelte sich um einen Brief. Einen richtigen echten Brief. Mit wunderschön ausgesuchter Briefmarke, meine Adresse in wunderbar geschwungener Handschrift und einem roten Siegel auf der Rückseite - ungeöffnet. Zugeklebt mit Spucke.
Keine SMS, keine E-Mail, ein Brief! Da hatte sich ein Freund (den ich sogar kenne) hingesetzt, einen schönen Stift ausgesucht und geschrieben. An mich. Für mich. Mit der Hand. Ich dachte gleich „ui" (ich denke öfter ui, manchmal denke ich auch hui oder hä? Aber hier passte ui einfach am besten)
Ich setzte mich gleich aufs Sofa, denn ich dachte Briefe muss man im Sitzen aufmachen. Und holte das zusammengefaltete mit wunderschöner Schrift beschriebene Papier heraus. Ich genoss das Lesen. Ein Brief, ein richtiger Brief. Geschrieben am Dienstag, 5. April, Vormittag, stand rechts in der Ecke.
Wehmut überkam mich. Wehmut ein altmodisches Wort - aber passend, denn sind Briefe nicht auch irgendwie altmodisch? Aus der Mode gekommen?
Ich erinnere mich an ein kleines Kistchen unter dem Bett meiner Eltern. »Hier sind unsere Liebesbriefe drin", sagte meine Mutter immer und bekam einen verklärten Gesichtsausdruck. Einmal durfte ich als Kind hineinsehen. Ordentlich lagen sie da, mit einem wunderschönen Bändchen umschlungen. Eng aneinander gedrückt. Mit vielen liebevollen Worten gefüllt.
Und heute? Wer druckt sich E-Mails aus und bindet sie mit einem Schleifchen zusammen? Werden unsere Kinder noch Liebesbriefe schreiben? Oder sagt man sich jetzt auf Facebook all die Geheimnisse, die sonst in einem verschlossenen Kuvert ausgetauscht wurden? „Tom hat auf Tinas Pinnwand geschrieben: »Ich liebe Dich", willst du Toms Eintrag kommentieren?" Oder drücke auf „Gefällt mir!" Aber geht es mich wirklich etwas an, dass Tom (wer ist eigentlich dieser Tom? Ach ja, einer der Facebookfreunde, die ich nicht kenne) Tina (und wer ist Tina? Die ist doch nicht mal mit mir befreundet) liebt.

Lassen Sie uns nun zu Verbündeten werden und heimlich die Briefe, die Brieffreundschaften und all dies retten. Auf der Liste der Dinge, die bald aussterben, fehlen sie nämlich. Die Briefe.
Und so verbleibe ich hochachtungsvoll, mit freundlichen und vielen Grüßen
Ihre

Sabine Bohlmann

PS: Briefe sind was Wunderbares

Briefsammlung

Briefe kann man in einer wunderschönen Schatulle aufheben. Oder man kann sie mit einem Bändchen drum rum zu einem kleinen Stapel zusammenbinden. Als ich in der fünften Klasse war, fingen wir an, uns innerhalb der Klasse gegenseitig Briefe zu schreiben. Jeder jedem. Zu Hause am Nachmittag wurde geschrieben, gemalt, geklebt. Briefpapier und Kuverts entworfen oder gefaltet und am nächsten Tag verteilte man seine Briefe. Und erhielt mindestens genauso viele, wie man selbst geschrieben hatte. Die Kuverts mit den Briefen klebten wir, wie eine Sammlung, in extra dafür gekaufte oder gebastelte Hefte. (Meines war ein Sarah-Kay-Heft, das weiß ich noch genau.) Und dann konnte man durch seine Kuvertsammlung blättern und immer wieder hier und da den einen oder anderen Brief herausziehen und lesen.

Aber bevor man mit dem Schreiben starten kann, braucht man erst mal ein schönes Briefpapier. Und mindestens genauso schöne Kuverts.

Selbst genähte Post

Dazu braucht man:

- Papier in jeglicher Form, das sich gut beschriften lässt, in etwa Größe A4: buntes Kopierpapier, festes Seidenpapier, leichter Bastelkarton …
- Stoffreste
- Nähmaschine und buntes Garn oder Klebestift
- Buntstifte
- Schere
- Briefkuvert als Vorlage

Briefpapier

Ein Blatt Papier in passender Größe zum Kuvert zurechtschneiden.

Verschiedene Motive aus andersfarbigem oder gemustertem Papier ausschneiden und auf dem Papier platzieren. Diese Motive mit der Nähmaschine festnähen oder festkleben.

Kuverts

Ein Blatt Papier nehmen, die Kuvertvorlage darauflegen und anhand der Größe das Papier falten; die überstehende Breite mit einer Schere abschneiden.

Das so gefaltete Kuvert an der Lasche spitz zulaufend schneiden.

Für das Kuvert Motive (Herz, Blume …) aus Papier oder Stoff ausschneiden. Das auseinadergefaltete Kuvert

mit ausgeschnittenen Motiven belegen und die Ränder des Motivs vernähen (im Zickzack- oder mit Stichelnaht). Dabei langsam und vorsichtig nähen, damit das Papier nicht zerreißt. Kleinere Kinder können die Motive natürlich auch einfach aufkleben. Erst danach das Kuvert wieder zusammenfalten und die beiden offenen Seitenkanten vernähen.

Kuverts kann man aus allen möglichen Papieren falten. Aus einer alten Landkarte, einer Seite aus einer Modezeitschrift, einem Comicheft, einem kopierten Foto von sich selbst, einem Schnittbogenpapier, Geschenkpapier, gemusterter Tapete oder einer japanischen Zeitung.

Karten

Für die Karten das Papier entsprechend der Kuverthöhe zurechtschneiden. Entlang der Breite des Kuverts falten und einen Teil über die Karte falten und etwa $^2/_3$ stehen lassen, den Rest abschneiden.

Verschiedene Motive aus Papier- oder Stoffresten ausschneiden und auf der Karte platzieren. Mit der Nähmaschine annähen, wobei zum Beispiel die Stichelnaht gleichzeitig der Blütenstängel sein kann.

Kleinere Kinder können die Motive auch kleben und mit Buntstift bemalen.

Faltbrief

Die Faltbriefvorlage aus dem Buch vergrößert nachzeichnen und ausschneiden. Die Vorlage auf ein Papier legen und an den Umrissen entlang ausschneiden. Motive ausschneiden und auf den Faltbrief kleben. Entlang der auf der Vorlage gekennzeichneten Punktelinie falten. Innen kann man den Brief beschreiben, danach falten, außen auf den Motiven auf hellem Untergrund adressieren und ab zur Post!

Klebeband

Buntes Klebeband kann man selbst machen, in dem man ein durchsichtiges Klebeband auf eine Zeitschrift klebt – auf ein Bild, das einem eben gefällt – und dann mit einem Ritsch dieses Klebeband wieder abzieht. Das Motiv bleibt am Klebeband kleben und man kann es wunderbar auf ein Kuvert oder einen Briefbogen kleben.

Achtung: Je dünner das Papier der Zeitschrift ist, desto besser funktioniert es. Bei teuren Modezeitschriften geht es leider gar nicht, da das Papier so beschichtet ist, dass das Klebeband sich einfach so wieder abziehen lässt.

So, jetzt kann man an Tante Hilde oder Oma Inge oder eine Freundin um die Ecke schreiben. Vielleicht lässt sich eine Brieffreundschaft mit der Patentante oder einer Urlaubsbekantschaft beginnen?

Aus den Briefen, die ich schreibe, muss meist etwas herausfallen, wenn man sie öffnet (dann ist die Freude größer – hoffe ich zumindest). So fallen dann kleine, aus Papier ausgeschnittene Herzen oder Blümchen heraus, Confetti, Federn oder ein bisschen Glitzerstaub. Je nachdem, was zum Inhalt passt. Liebesbriefe kann man zusätzlich mit etwas Parfüm beträufeln. Man kann auch einen Kuss mitschicken. Dazu müssen Sie sich die Lippen dick mit Lippenstift anmalen und dann einen noch dickeren fetten Schmatz mit Ihren Lippen auf den Brief drücken. Oder lassen Sie einen Origami-Kranich oder einen Origami-Frosch aus dem Brief herausfallen.

Auch hier sieht man deutlich den Vorteil von Briefen gegenüber SMS und E-Mails. Aus SMS und E-Mails kann nichts Schönes herausfallen. Und das ist schade!

Briefpapierkistchen

Wie wäre es mit einem Briefpapiergeschenk zum nächsten Geburtstag Ihrer Tochter? Selbst gemachtes Briefpapier, Tusche, Feder, kleines Adressbuch, Briefmarken und das alles in einer selbst gemachten Kiste?

Dazu brauchen Sie:

- Kistchen und Pappe oder ein zweites Kistchen, das Sie zerschneiden können
- Cutter, Schere, Kleber, schöne Stoffe, Band, Perlen

Befestigen Sie in einem Karton einen zweiten Boden und basteln Sie eine kleine Schublade, die in einen Schub (mit Cutter ausschneiden) hineingeschoben werden kann. So bekommen Sie zwei Fächer. Eines für die Kuverts, wenn man den oberen Deckel hebt, und eine Schublade für das Briefpapier, die man unten separat herausziehen kann. Jetzt wird alles mit Stoff bezogen – dieser kann mit einem Alleskleber auf die Pappe geklebt werden.

Ich gebe zu, es ist alles ein wenig knifflig, aber Abmessen hilft garantiert. Geben Sie nicht auf, heraus kommt ein wunderschönes kleines Postkästchen.

Falls Sie Schwierigkeiten mit den Stoffkanten haben, helfen Sie sich, indem Sie ein Schrägband oder ein Buchbinderleinenband um die Kanten kleben. Dann sieht das Ganze wesentlich ordentlicher aus.

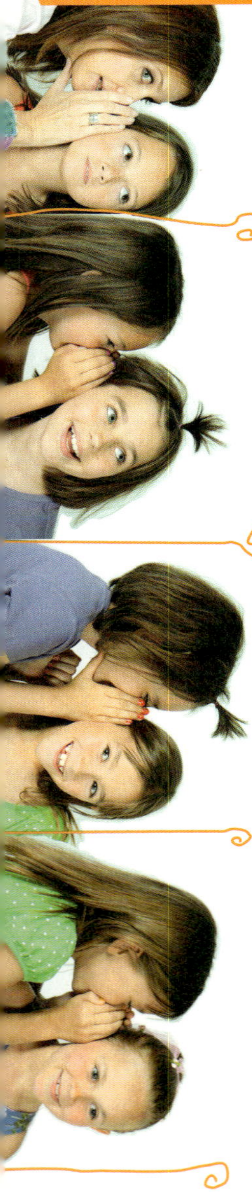

Geheimniskrämereien

Jeder braucht sein kleines Geheimnis

Geheimnisse muss man hüten. Man sollte ganz genau überlegen, wem man sein Geheimnis anvertraut. Es gibt schöne Geheimnisse, zum Beispiel wenn meine Kinder schon ein Geburtstagsgeschenk für mich geplant haben und sie meine Spannung darauf mit Andeutungen steigen lassen wollen. Dann wird geflüstert und getuschelt. Das ist schön. Das gibt einem so ein schönes Kribbeln im Bauch. Es gibt auch Geheimnisse, die nicht so schön sind. Wenn man etwas vor dem anderen verheimlicht aus Angst, ausgelacht oder beschimpft zu werden. Helfen Sie Ihren Mädchen zu unterscheiden. Das klappt am besten durch gegenseitiges Vertrauen.

Für schöne Geheimnisse braucht man allerdings einen Ort, an dem man sie verwahren kann. Eine Schatztruhe, ein Tagebuch oder einen doppelten Boden im Schrank. Vielleicht braucht man ein Geheimversteck, in dem man selbst manchmal sitzen kann ohne gestört zu werden. Das Versteck könnte in einem Kleiderschrank sein. Mit richtigem Licht und gemütlichem Kissen und schönen Fotos an den Wänden. So ein Kleiderschrankplatz ist ein toller Ort, um in seine Fantasiewelt abzutauchen, zum Träumen oder Lesen.

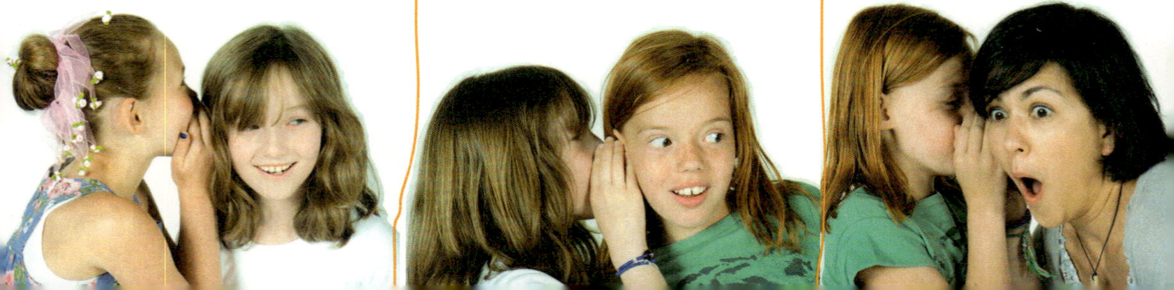

Zeichensprache

A

B

C

D

E

F

G

H

I

J

K

L

M
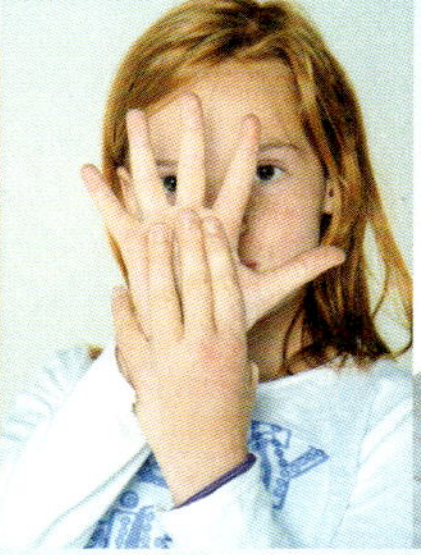

N

O

P

Q

R

S

T

U
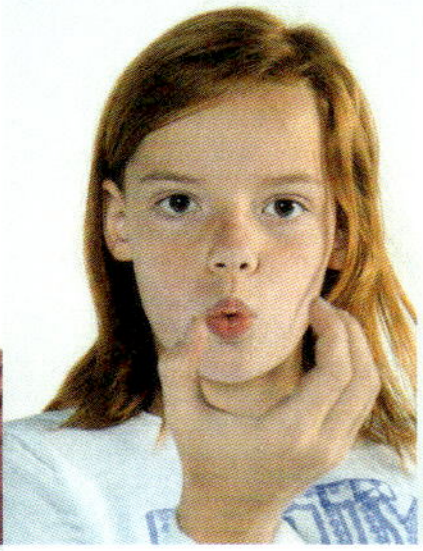

V

W

X

Y
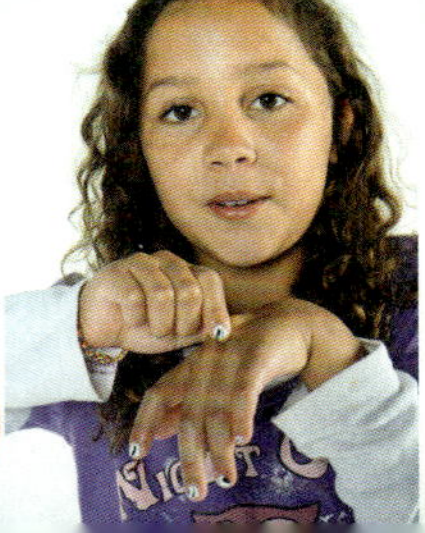

Z

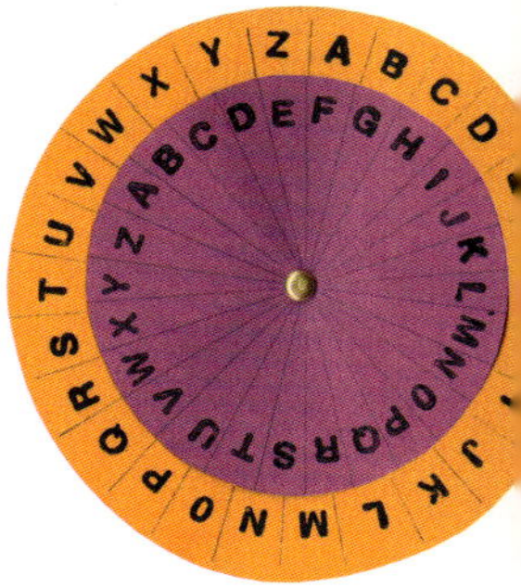

Geheimsprachen

Wenn man in einer Geheimsprache schreiben will, hilft eine Chiffriermaschine. Die ist schnell gebastelt: Man schneidet einen großen und einen kleineren Kreis aus Papier oder Pappe aus und legt die beiden Kreise übereinander. Eine Versandtaschenklammer durch die Mitte der beiden Kreise gestochen verbindet sie miteinander. Nun zeichnet man auf die beiden Kreise mit einem Lineal jeweils 26 „Kuchenstücke" (für jeden Buchstaben des Alphabets einen), sodass das Alphabet nun einmal innen und einmal außen steht. Dreht man den inneren Kreis, stehen jeweils zwei Buchstaben übereinander. Wenn man nun einen Text verfasst, schreibt man jeweils den inneren, während man den äußeren meint.

Eine andere Möglichkeit des verschlüsselten Schreibens ist ein Hieroglyphen-ABC. Für jeden Buchstaben denkt man sich ein Symbol aus, sodass nur Eingeweihte den Text verstehen können. Man kann sich auch ein eigenes Hieroglyphen-ABC gestalten. Für jeden Buchstaben denkt man sich ein Symbol aus und kann so alles verschlüsselt schreiben.

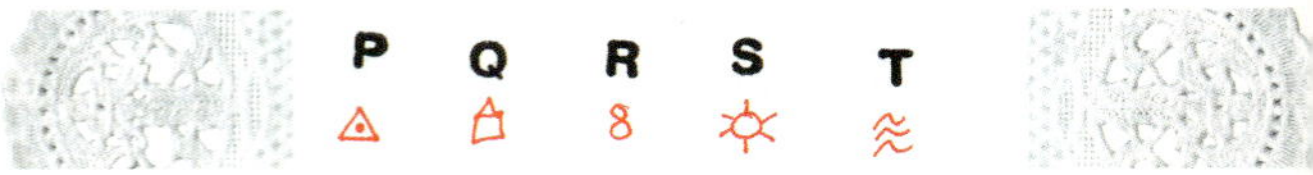

Löffelsprache

Manchmal ist es gar nicht so leicht, mit der Freundin zu telefonieren, wenn die Mutter sich im selben Raum befindet. Es sei denn man spricht zum Beispiel die Löffelsprache. Die geht so: Jedes Mal, wenn ein Vokal im Wort kommt, ersetzt man diesen durch ein „lew" plus dem Vokal. Bei **a** wäre dies: **alewa**, bei **e elewe**, bei **i ilewi**, bei **o olewo**, bei **u ulewu** und bei **ü ülewü**, bei **ö ölewö** und bei **ä älewä**.

Dann gibt es natürlich auch noch **ilewie** für das **ie** und **alewau** für das **au** und elewei für das **ei.** Dies ist also die Lölewöffelewelspralewachelewe! Alewaklalewas klalewar?

Oder können Sie Grüfnisch?

Das ist in der Schweiz eine weit verbreitete Spielsprache bei Kindern und Jugendlichen. Die Vokale **a e i o u** – **ä** – und **ü** werden durch **anafa**, **enefe**, **inifi**, **onofo**, **unufu**, **änäfä**, **önöjö** und **ünüfü** ausgetauscht. Bei Doppelvokalen wird nur der erste durch diese Silben ersetzt. **Hallo** heißt dann zum Beispiel: **Hanafallonofo!**

Aus England stammt noch das Pig Latin (Schweinelatein). Hierfür wird der Konsonant am Anfang des Wortes ans Ende des Wortes gesetzt und ein „ay" angefügt.

Beginnt das Wort mit einem Vokal, bleibt das Wort so wie es ist, nur bekommt es das **ay** ebenfalls hinten angehängt.

Im Deutschen würde sich das Schweinelatein dann so anhören:
Mädchen = ädchenmay / **sind = indsay** / **wunderbar = underbarway** / **und = unday**
einzigartig = einzigay artigay!

Räume-träume

Was stellen Sie sich vor, wenn Sie an ein richtiges, echtes Mädchenzimmer denken? Ich denke an Himmelbetten und Pferdeposter, an viele märchenhafte Kissen und ein großes Bücherregal, in dem auf jeden Fall „Die Kinder aus Bullerbü" neben „Der geheime Garten" und „Die wilden Hühner" stehen. Ich denke an einen wunderschönen Spiegel an der Wand, einen vollen Kleiderschrank und natürlich an mindestens eine rosa Wand. – Ich jedenfalls hatte als Kind den Traum von rosa Wänden. Leider vergriffen sich meine Eltern und ich im Farbton, und statt eines freundlichen hellen Rosas wurden die Wände Dunkel-Altrosa. Ich hielt es nicht lange in dieser Farbe aus und verlegte alle Aktivitäten ins weiße Wohnzimmer, bis wir meine Wände wieder vom Rosa befreiten.

Mädchen haben häufiger als Jungs das Bedürfnis, irgendetwas in ihrem Zimmer zu verändern. Man muss deshalb aber nicht gleich alle Möbel entsorgen und neue kaufen.

„Pimp it" heißt heute die Devise. Zu Deutsch: „Aufmotzen" oder noch schöner „Aufmöbeln". Das ist nicht nur individueller, sondern macht auch noch Spaß. Und später kann man wirklich stolz auf sich und seinen neuen Raumtraum sein.

Aufmöbeln

Das ist ein tolles Projekt, bei dem die Mädchen mithelfen können. Auch hier könnten Sie sich wieder ein Moodboard (siehe Seite 42) zusammenstellen und an die Wand hängen – also schöne Ausschnitte aus Zeitschriften, Stoffe und Farbproben sammeln und auf ein Plakat kleben. So wird schnell klar, in welche Richtung die Vorstellungen Ihrer Tochter gehen. Dann sehen Sie sich die bestehenden Möbel an. Kann man etwas umstreichen? Umarbeiten oder Umstellen?

Fertigen Sie doch zunächst einen Grundriss des Zimmers an, messen die vorhandenen Möbel ab, malen diese in einem passenden Maßstab auf Papier und schneiden sie aus. Nun kann probehalber umgestellt werden, indem man die kleinen Möbel einfach „im" Papierzimmer hin und her schiebt. Wenn Sie Lust dazu haben, lässt sich auch ein kleines Modell aus Karton bauen. Das hilft der Vorstellungskraft ungemein.

Doch wie rechnet man eigentlich nochmal den Maßstab aus?

Liebe Mädchen, also, das mit dem Maßstab ist so ...

Wenn man zum Beispiel ein Zimmer hat, das 4 m lang und 3 m breit ist, rechnet man die Maße zuerst in Zentimeter um. Die gibt es auf jedem Lineal. 4 m ergeben 400 cm. Damit hat man auch schon den Maßstab 1:100 (sprich: eins zu hundert) ermittelt. Das bedeutet: Ein cm auf dem Papier entspricht 100 cm in der Realität. Wenn Ihr aber diesen Maßstab für Eure Zeichnung auswählen würdet, wäre sie zu klein, um alle Details unterzubringen. Wenn Ihr den Maßstab 1:10 wählt, also 1 cm auf dem Papier entspricht 10 cm in Eurem Zimmer, wäre die Zeichnung zu groß. Es sei denn, Ihr habt ein Papier, das 40 cm hoch und 30 cm breit ist. Wenn Ihr wollt, könnt Ihr es aus vier Bögen DIN A4-Papier zusammenkleben.

Um das Zimmer auf ein Blatt DIN A4-Papier zeichnen zu können, bietet sich der Maßstab 1:20 an. Richtig, 1 cm gezeichnet entspricht jetzt „echten" 20 cm. Das Zimmer ist jetzt 20 cm lang und 15 cm breit und passt perfekt auf das Blatt Papier.

Bei den Möbeln geht es genauso. Nehmt zum Beispiel den Kleiderschrank. Der ist ungefähr 100 cm breit und 60 cm tief. Im Maßstab 1:20 sind das 5 und 3 cm. Zeichnet ein Rechteck mit diesen Maßen, schneidet es aus und legt es auf den Zimmerplan.

Liebe Mütter,

Sie können Ihre Tochter auch einfach verschiedene Wunsch-Zimmer zeichnen lassen. Diskutieren Sie dann darüber, was möglich und was nicht möglich ist.

Meine Tochter wünschte sich einmal zu ihrem Geburtstag eine Bühne in ihrem Zimmer, auf der sie stehen und singen konnte, wann immer sie wollte (und sie wollte oft – am liebsten den ganzen Tag). Zum Glück habe ich einen handwerklich sehr begabten Mann, dem es sehr viel Spaß gemacht hat, eine Bühne zu bauen. Es gab sogar eine Klappe, in der ein Schminkspiegel mit Beleuchtung verborgen war, und Stauraum für Kostüme. Aber zum Glück muss es ja nicht immer eine Bühne sein.

Auch lässt sich zum Beispiel aus Pappe eine Ummantelung für das Bett bauen, sodass ein Prinzessinnenbett daraus wird. Oder ein romantisches Bett mit einem Schirm darüber, an dem viele durchsichtige, seidige Stoffe hängen. Es könnte eine wunderschöne Kuschelecke mit Moskitonetz darüber und vielen vielen Kissen im Zimmer geben. Vielleicht ist auch genügend Platz für eine Hängematte. Über dieser kann man eine Lichterkette anbringen oder glitzernde Sterne aus Papier. Man kann Schränke so stellen, dass ein Teil des Zimmers so abgetrennt ist, dass ein begehbarer Kleiderschrank mit Geheimhöhle entsteht.

Kann man Bett und Schrank rosa streichen? Oder mit ausgeschnittenen Dingen aus Zeitschriften bekleben? Sehen die Poster im Zimmer schöner aus, wenn sie eingerahmt in bunten oder einfarbig weißen Rahmen an den Wänden hängen? Oder wie sähe ein Zimmer aus, in dem alles in weiß gehalten ist? Die Fotos an den Wänden könnten eine Tortenspitzenumrahmung bekommen.

Vielleicht hängt man auch nur Fotos von den Freundinnen auf. Oder Leinwände, auf die ihre Tochter selbst viele viele verschiedene Herzen gemalt und geklebt hat.

Es gibt so viele Möglichkeiten, das Zimmer mit viel Liebe, aber wenig Geld zu verschönern. Und denken Sie daran: Wir leben in einer Wegwerfgesellschaft. Gefällt uns etwas nicht mehr oder ist es kaputt landet, landet es allzuschnell auf dem Müll. Vielleicht überlegen Sie beim nächsten Mal zweimal: „Kann man da nicht noch was draus machen?" (Übrigens einer unsere Lieblingssätze).

Stuhl

Dieser Stuhl stand einsam, traurig und verlassen im Müllhäuschen.

Nicht, dass Sie jetzt denken, die Bohlmann holt sich all ihre Dinge vom Müll – aber manchmal tut mir so ein Stuhl eben leid, und es juckt mich in den Händen ihm noch ein zweites „Leben" zu schenken. So habe ich bereits einen Comicstuhl gebastelt (einfach Comichefte zerschneiden und mit Tapetenkleister auf den Stuhl kleben – lackieren – fertig) einen Bärenstuhl (Plüschstoff mit Alleskleber auf den Stuhl geklebt – schwarze Bärennase und Augen auf die Lehne und Ohren rechts und links – fertig) oder auch einen Monsterstuhl (grüner Stoff, grüner Schwanz, rote Hörner an die Lehne).

Vielleicht basteln Sie mit Ihrer Tochter einen rosaroten-gold gestreiften Prinzessinnen Stuhl, einen gefleckten Kuhstuhl mit Euter, einen Zebrastuhl oder einen roten Marienkäferstuhl mit Punkten.

Mein Stuhl aus dem Müll wurde ein „Kunterbuntegutelaunestuhl". Mit meinem neuen Freund dem Schleifi (der sagenhafte Exzenterschleifer) schliff ich zuerst, so gut es ging, die dunkle Oberfläche des Stuhls ab. Außerdem musste der Stuhl neu verleimt werden, denn er wackelte wie ein Wackelpudding.

Dann grundierte ich den Stuhl mit weißer Acrylfarbe und der Spaß ging los. Jede Seite, jede Leiste und jedes Bein bekam eine eigene Farbe mit Muster. Nehmen Sie dazu am besten Acrylfarben, weil sie schön leuchten.

Die Sitzfläche erhielt noch eine Blume aus allen Farben und fertig war der „Kunterbuntegutelaunestuhl"! Ich glaube, wenn ich das nächste Mal schlechte Laune habe, setze ich mich drauf – vielleicht wirkt es!

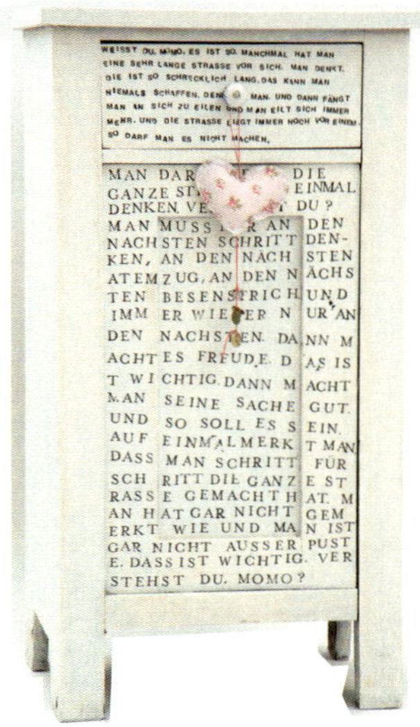

Nachtkästchen

Dieses Nachtkästchen ist nicht vom Müll, sondern von einer Wohnungsauflösung – gerettet kurz vorm Sperrmüllcontainer (ich bremse auch für Möbel). Wieder half mir Schleifi (Hui, das macht echt Spaß, auch wenn man danach das Gefühl hat, der ganze Körper vibriert noch weiter), die dunkle Farbe des Kästchens abzuschleifen. Diesmal sollte weiß nicht nur die Untergrundfarbe werden, sondern auch die Farbe bleiben. Mit Stempel und Stempelkissen bekam das Schränkchen ein Gedicht und zwei neue Knöpfe. Fertig!

Schränkchen wechsle dich

Es gibt ja bekanntlich Bäumchen, die sich schütteln und Tischlein, die sich decken – und nun auch noch ein Schränkchen, das sich wechselt.

Oft wachsen Möbel mit den Kindern mit. Vom Wickeltisch, zur Kleiderkommode, zur Puppenstube.

Unsere kleine Kommode wurde

— ein Schränkchen für kleine Schneiderinnen: mit Borten, Nadeln, Nähseiden, Schere, Garn und Strickzeug.

— ein Schminkschrank für modebewusste Mädchen: mit Spiegeln, Haarbändern, Spangen, Bürste und Schminkzeug.

— ein Schreibkästchen: mit Briefpapier, Stiften, Aufklebern, Kuverts und Papier.

— ein Puppenwickelschrank: mit Wickelauflage, Puppenkleidern und Zubehör in den Schubläden.

— ein Geheimniskrämerschränkchen: mit Tagebuch und all den geheimen Dingen eben, die so geheim sind, dass sie hier nicht genannt, und auch nicht gezeigt werden können.

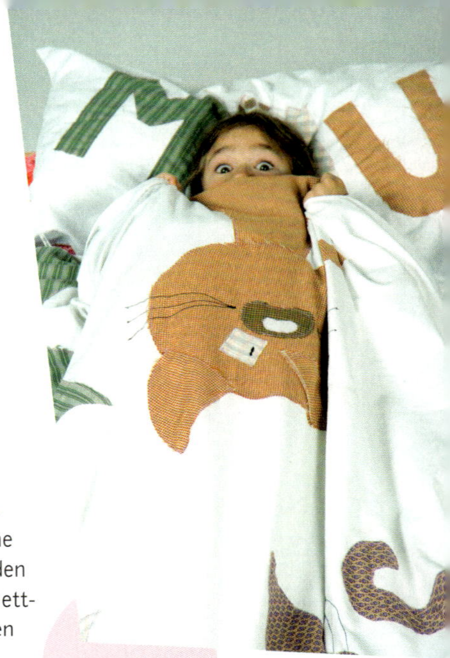

Bettwäsche

Man braucht:

- weiße Bettwäsche (vielleicht aus alten Leintüchern selbst nähen oder aus weißem Stoff)
- Nähmaschine und Nähzeug
- Stempel und Stoffstempelfarbe
- verschiedene Stoffe

Meine Bettwäsche ist aus alten Leinentüchern genäht. Das machte das Applizieren der Motive leichter, da so nicht eine doppelte Bettwäsche durch die Nähmaschine gezogen werden musste. Erst als das Motiv fertig war, wurden die beiden Bettlaken und die Kissenteile zusammengenäht und mit Knöpfen bzw. Schleifen zu einer richtigen Bettwäsche.

1. Alle Stoffe, die man nehmen möchte, waschen. (Sonst färben sie später ab oder gehen teilweise ein.)
2. Motiv überlegen. Skizzen auf Papier zeichnen. Wer darf schon seine eigene Bettwäschekollektion entwerfen?
3. Nach der Vorlage der Skizzen alle Motive aus verschiedenen Stoffen ausschneiden und auf der Bettwäsche verteilen. Feststecken, evtl. heften und mit der Nähmaschine aufnähen – am besten im Zickzackstich, damit der Stoff nicht ausfranst. Tipp: Haben Sie Applikation auf Applikation, also zum Beispiel eine Katzennase auf einer Katze, nähen Sie sich von oben nach unten durch. Nähen Sie zunächst die Nase auf das Katzengesicht, erst dann die ganze Katze auf den großen Stoff.
4. Wenn Sie Schrift, Texte oder Gedichte auf Ihrer Bettwäsche haben wollen, können Sie diese mit Stoffstempelkissen oder Stoffmalfarbe und fertigen A–Z Stempeln oder selbst gemachten Stempeln aus Moosgummi aufstempeln.

Moosgummistempel
Moosgummistempel von A–Z sind leicht selbst gemacht und lassen sich vielseitig einsetzen, egal ob auf Geschenkpapier, Tüten, Glückwunschkarten oder T-Shirts. Moosgummi kaufen (Farbe ist egal) mit einem Bleistift oder einem Kugelschreiber die Buchstaben aufmalen, ausschneiden und diese seitenverkehrt auf kleine Pappen oder Holzklötze kleben. Auch alte Bauklötze aus dem Kinderzimmer eignen sich gut. Schon sind die Stempel fertig.

Unsere Bettwäsche wurde eine Katzenbettwäsche. Das Kissen bekam aufgenähte Buchstaben „MIAU!" und die Zudecke freche Katzenköpfe.

Die zweite Bettwäsche verzierte ich mit einer Prinzessin mit den Worten: „Hier schläft die Prinzessin ... ohne Erbse." Auf das Kissen nähte ich ein Krönchen.

Da kann man nur noch sagen: Gute Nacht und süße Träume!

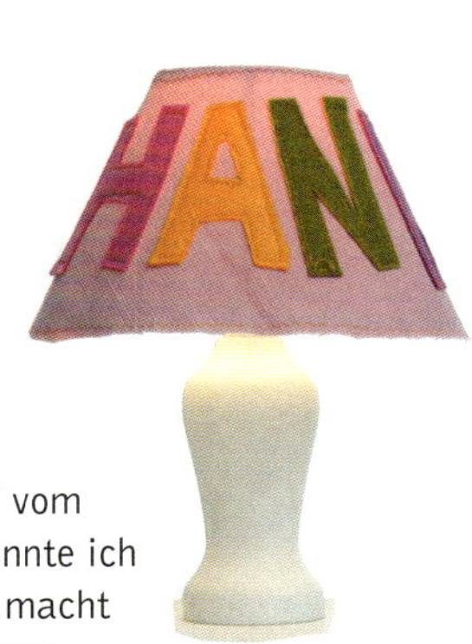

Lampen

Als ich anfing, die kleine Lampe zu pimpen, die ich diesmal NICHT vom Müll, sondern für ca. 12 Euro in einem Baumarkt gekauft habe, konnte ich fast nicht mehr aufhören, ich hätte ewig weiter machen können. Es macht soviel Spaß, Dinge zu verändern und Ideen umzusetzen, dass ich Ihnen das unbedingt ans Herz legen möchte. Nur Mut! Auch wenn nicht immer alles sofort gelingt – man braucht manchmal ein paar Versuche, bis es funktioniert. Probieren Sie es einfach aus.

Und das geht so:

Zunächst einen Lampenmusterbogen erstellen. Dazu legt man den Lampenschirm auf ein großes Papier und zeichnet mit einem Bleistift die Form nach. Dazu rollt man den Schirm über das Papier – merken Sie sich, wo Sie begonnen haben. Sie sehen nun, dass der Schirm in einem Bogen verläuft. Schneiden Sie den Papierbogen aus und legen ihn noch einmal zum Überprüfen um den Lampenschirm herum. Jetzt haben Sie einen perfekten Schnittmusterbogen als Ausgangspunkt für viele verschiedene Gestaltungsmöglichkeiten. Legen Sie den Bogen einfach auf einen schönen Stoff, zeichnen Sie mit Schneiderkreide oder einer normalen Kreide oder einem Bleistift die Umrisse nach und schneiden den Stoff aus. Nähen oder kleben Sie ihn um das weiße Schirmchen und schon haben Sie Ihren ersten Lampenschirm gebastelt! Ich habe die meisten Schirme aus weißem Lakenstoff ausgeschnitten und diese dann verziert. So sind folgende „Modelle" entstanden:

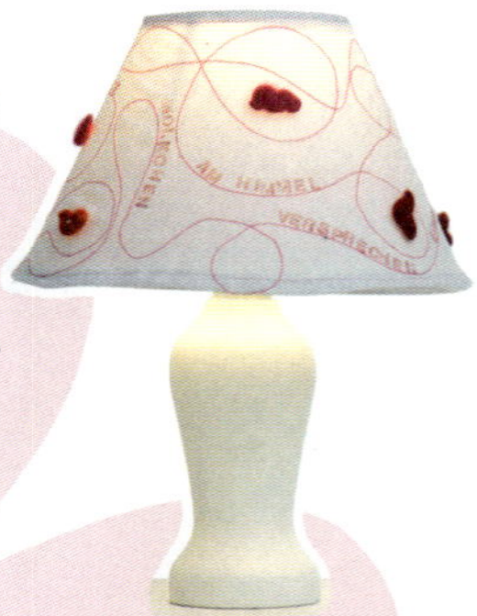

- Ein rosa Cordlampenschirm, auf dem ich die Buchstaben „HANNAH" appliziert habe. Die Buchstaben sind aus Filz. Ich liebe Filz, weil er nicht ausfranst und leicht zu schneiden und zu nähen ist. Und weil er so schön leuchtende Farben hat.
- Ein Flickenlampenschirm aus verschiedenen bunt gemusterten Stoffen mit Zickzackstich zusammengenäht.
- Ein Lampenschirm mit kleinen gefilzten Wolken und einem gestempelten Text: „Rosarote Wölkchen am Himmel versprechen einen sonnigen Tag". (Ich liebe solche Sprüche, die sich schön anhören, auch wenn sie vielleicht gar nicht stimmen.) Zuvor hatte ich mit der Maschine mit pinkfarbenem Garn Nähte auf den weißen Stoff genäht – wild hin und her, übereinander, hoch und runter, kreuz und quer. Das macht Spaß und sieht sehr schön aus.
- Ein Bärenkopflampenschirm, der eine schöne schwarze Filznase, zwei Filzaugen und zwei mit Füllwatte gefüllten Ohren verpasst bekam.

— Ein Spitzen-Knopfmodell, für das ich alte Spitzen meiner Oma verwendete. Kombiniert mit vielen weißen Wäscheknöpfen, die unten herum baumeln. Wenn diese Lampe an ist, leuchtet es wunderschön durch die Spitze hindurch. Da Knöpfe generell teuer sind, am besten auf dem Flohmarkt immer Ausschau nach Knöpfen halten.

— Ein Blumenlampenschirm mit applizierten Blümchen und einem kleinen Schmetterling, der über der Lampe flattert.

— Eine Fotolampe mit lustigen und frechen Porträtfotos meiner Tochter. Hierzu Fotos aus dem Computer ausdrucken, auf eine Papierlampenvorlage legen und aufkleben. Auch Urlaubsfotos vom Meer machen sich sehr gut. Sie lassen sich wunderbar mit echtem Sand und Muscheln kombinieren. Oder eine Fotocollage aus allem?

— Ein leuchtender Bonbonlampenschirm. Bunte Bonbon- und Schokoladenpapiere sammeln und diese auf den Schirm aufkleben.

Wer nicht so gerne näht, aber trotzdem einen lustigen Lampenschirm haben möchte, kann auch eine gestrickte oder gehäkelte Mütze über den Lampenschirm ziehen – das funktioniert ganz ohne nähen und ist in einer Minute fertig. Auch ein Strohhut eignet sich gut.

Doch bitte achten Sie unbedingt darauf, dass die verwendeten Materialien nicht zu heiß werden durch die Glühbirne.

Natürlich kann man auch bemaltes Papier als Lampenschirm verwenden. Motive könnten sein: Farben, Prinzessinnen, Pferde etc. Auch mit Acrylfarben scheint das Licht wunderschön durch den Schirm hindurch. Auch ein gestempeltes Abendlied oder Gebet sieht schön aus oder oder oder ... Wie sagt man immer so schön: Der Fantasie sind keine Grenzen gesetzt! Ich bin gespannt, für welches Modell Sie sich entscheiden.

SCHICK

Kissen

Dazu braucht man:

- Füllkissen in gewünschter Größe
- Basis-Stoff, Stoffreste
- Nähgarn
- Knöpfe, Bänder, Perlen
- Stoffmalstifte (Perlen-Pen)
- Nähmaschine, Stoffschere, Stecknadeln, Nähnadel

Zuerst fertigt man Skizzen der Dinge an, die auf das Kissen drauf sollen.

Ein Bus für die kleinsten Kuscheltiere, ein romantischer Spruch, ein Apfel mit Lesewurm (der kleine Wurm ist so platt, dass er auch wunderbar als Lesezeichen einsetzbar ist!), eine Eule, eine kleine Qualle …

Quadratische Kissen

Für die quadratischen Kissen näht man eine Hülle, die ohne Reissverschluss und Knöpfe auskommt. Die Applikationen bringen Sie auf, bevor Sie die Hülle zusammennähen.

Runde Kissen

Die runden Kissenhüllen werden zugenäht. Dafür den Stoff auf Größe des Kissens plus Nahtzugabe zurechtschneiden und auf links zusammennähen. Dabei einen Schlitz lassen, durch den Sie die Hülle befüllen können. Hülle auf rechts wenden, Kissen hineinstecken, Schlitz mit der Hand zunähen.

Die Qualle habe ich nur mit dünnem Stoff bedeckt, unten zusammengehalten und mit Bändern zugebunden. Auch hier gilt: Was Sie applizieren möchten, vor dem Zusammennähen aufnähen.

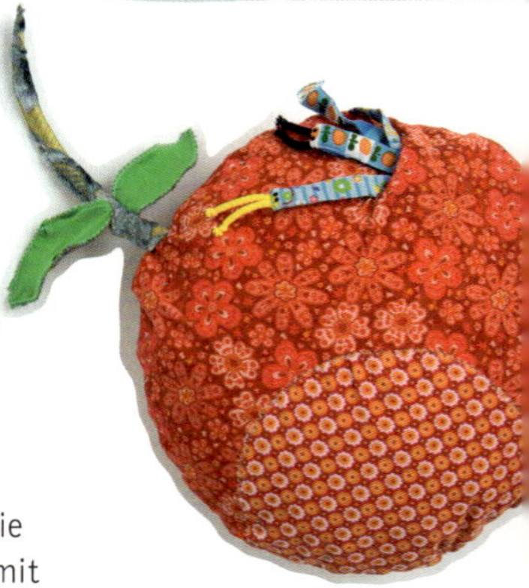

Applikationen

Was Sie applizieren möchten, bleibt Ihrer Fantasie überlassen, und glauben Sie mir, die steigert sich mit jedem Kissen! Sie nehmen Stoffreste, Knöpfe, Bänder und Perlen zu Hilfe und alles, was Ihr Nähkästchen hergibt. Für den Spruch „er liebt mich, er liebt mich nicht", habe ich einen Perlen-Pen genommen, der wunderbar auf Stoff schreibt und viel schneller geht als Sticken.

Bilderrahmen

Dazu braucht man:

- Bilderrahmen
- Acrylfarbe
- Klarlack
- Alleskleber oder Klebepads
- passende kleine Figuren
- buntes Papier
- Holzperlen
- Glitzer (Bastelbedarf)

Fotos vom Urlaub haben einen besonderen Rahmen verdient. Fotos von unseren süßen Töchtern sowieso!

Die Bilderrahmen zuerst mit einer passenden Farbe bemalen. Blau für ein Foto vom Urlaub am Meer, grün und blau für ein Urlaubsfoto vom Bauernhof. Oder einfach pink!

Trocknen lassen und später hochglänzend lackieren.

Themenbilderrahmen

Passende kleine Figuren lassen sich schnell in den Untiefen der Kinderschubladen finden – oder im Spielzeugladen ergattern. Ein paar Goldfische, ein Schaf …

Diese Figuren mit Alleskleber oder Klebepads auf dem Bilderrahmen befestigen.

Blumenbilderrahmen

Blüten und Blätter aus buntem Papier ausschneiden und auf den Bilderrahmen kleben. In der Mitte jeder Blüte ein paar Holzperlen ergänzen.

Glitzerbilderrahmen

Bilderrahmen mit Alleskleber bestreichen und dann den Glitzer darüberstreuen. Trocknen lassen und zum Schluss mit Klarlack lackieren.

GUCK MAL

Gestrickter Spiegel

Dazu braucht man:

- einen Spiegel oder
- einen Bilderrahmen mit einem entsprechenden Spiegelglas
- Zeitungspapier oder ein anderes großes Papier
- viele bunte Wollreste
- Stricknadeln in der passenden Stärke
- Sicherheitsnadeln
- Stopfnadel zum Vernähen
- Nägel
- Hammer

Stricken ist etwas sehr Schönes. Einmal gekonnt, verlernt man es nicht mehr, und einmal angefangen, kann man schlecht wieder damit aufhören. Es gibt wohl auch Menschen, die dermaßen strickbesessen sind, dass sie Laternen, Steine, Statuen, Bäume und Autos einstricken.

Ich bin kein Fan davon, Internetseiten zu empfehlen, aber über diese Seite habe ich so gestaunt und gelacht, dass ich sie hier erwähnen muss: http://yarngraffitidocumentary.blogspot.com

— Zunächst Spiegel- oder Bilderrahmen von Rückplatte und Spiegelglas befreien. Dann aus einer Zeitung einen „Strickplan" ausschneiden, der den Spiegelrahmen komplett umfasst.

— Anhand dieses Strickplans wird für jede Seite des Rahmens die entsprechende Anzahl von Maschen angeschlagen und glatt rechts gestrickt.

— Dabei nach einigen Reihen die Farbe wechseln, um das Streifenmuster zu erhalten.

— Dem Strickplan folgend, Maschen zu-, oder abnehmen und zum Schluss abstricken.

— Die einzelnen Fäden der Strickteile sorgsam vernähen.

— Die vier Strickteile um den Rahmen legen und mit Sicherheitsnadeln hinten fixieren.

— Die Strickteile hinten einzeln zunähen und zum Schluss aneinandernähen.

— Das Spiegelglas einsetzen und fixieren (mit Rückenplatte oder Nägeln).

Beklebter Spiegel

Man braucht:

- Bilderrahmen
- ein entsprechend großes Spiegelglas
- Zeitschriften zum Zerschneiden
- Klebestift
- Schere
- Klarlackspray oder Haarlack

Befreien Sie zuerst den Bilderrahmen von Rückenplatte und Glas. Suchen Sie mit Ihrer Tochter zusammen Motive aus Zeitschriften. Das können Tiere, Blumen, Obst oder eben Mädchen- und Frauengesichter wie in meinem Beispiel sein. Schneiden Sie diese sorgsam aus und kleben sie dicht an dicht auf den Bilderrahmen. Zum Schluss mit Klarlackspray darüber sprühen. Das macht den Rahmen abwischbar. Zum Schluss das Spiegelglas wieder einsetzen und die Rückenplatte fixieren.

Und zuletzt

Der rosarote Fragebogen

Psychotests und Fragebögen füllen doch die meisten Mädels (große und kleine!) gern aus .

Wir haben für Sie den ultimativen rosa Fragebogen entworfen und sind sehr gespannt, wie die Antworten der großen und kleinen Mädchen ausfallen.

JUNG

- Ich bin froh, ein Mädchen zu sein, weil …
- Wenn ich groß bin, werde ich …
- Mein Lieblingsbuch/bücher …
- Mein Lieblingsfilm/filme …
- Am Nachmittag mach ich am liebsten …
- Ich möchte so werden wie …
- **Wie sieht mein Traumzimmer aus …**
- Das zieh ich am liebsten an …
- Mein Lieblingslied …
- Meine Lieblingsfarbe …
- Wenn ich erwachsen bin, dann …
- Ich möchte … … können.
- Wenn ich ein Junge wäre, würde ich …
- **Mein Glücksbringer ist …**
- Meine beste Freundin ist meine beste Freundin, weil …
- Manchmal träume ich …

Und hier der Fragebogen für die Mütter. Vielleicht dürfen auch die Omas mal ran!

GROSS

- Ich bin froh, eine Frau zu sein, weil …
- Als Mädchen wollte ich … … werden
- Als Kind war mein Lieblingsbuch/bücher
- Als Kind war mein Lieblingsfilm/filme
- Am Nachmittag machte ich am liebsten …
- Ich wollte so werden wie …
- **So sah mein Kinderzimmer aus …**
- Das zog ich am liebsten an …
- Mein Lieblingslied war …
- Meine Lieblingsfarbe war …
- Wenn ich erwachsen bin, wollte ich …
- Ich wollte immer … … können
- Wenn ich ein Junge gewesen wäre, hätte ich …
- **Mein Glücksbringer war …**
- Mit meiner besten Freundin habe ich immer …
- Manchmal träume ich …

Über die Autorinnen

♥ **Ich bin froh, eine Frau zu sein, weil ...**
ich gern mehrere Dinge gleichzeitig tue, weil ich meinen Kleiderschrank mag und weil ich meine Kinder kriegen konnte – das größte Erlebnis meines Lebens

♥ **Als Mädchen wollte ich ... werden**
Prinzessin, dann Balletttänzerin

♥ **Als Kind war mein Lieblingsbuch/bücher ...**
„Daddy Langbein", „Dolly Sammelband", „Die Burg der Abenteuer" und „5 Freunde" von Enid Blyton

♥ **Als Kind war mein Lieblingsfilm/filme ...**
„Drei Haselnüsse für Aschenbrödel", „Ein Herz und eine Krone", „Kohlhiesels Töchter", „Sissi"

♥ **Am Nachmittag machte ich am liebsten ...**
Playbacksingen auf Andrea Jürgens und Conny Froboess

♥ **Ich wollte so werden wie ...**
Lieselotte Pulver oder Romy Schneider

♥ **So sah mein Kinderzimmer aus ...**
orange-brauner Vorhang, oranger Teppich, durch einen Vorhang abgetrennt war die Nähecke von meiner Mutter. Später bekam ich ein rosa Zimmer.

♥ **Das zog ich am liebsten an ...**
Mein Pünktekleid. Es war Pink mit bunten Punkten.

♥ **Mein Lieblingslied war ...**
„Somewhere over the rainbow"

♥ **Meine Lieblingsfarbe war ...**
rosa

♥ **Wenn ich erwachsen bin, wollte ich ...**
Kinder adoptieren, Schauspielerin werden (nachdem ich keine Prinzessin werden konnte)

♥ **Ich wollte immer ...**
singen können und mutig sein

♥ **Wenn ich ein Junge gewesen wäre, hätte ich ...** Gitarre gelernt (fürs Lagerfeuer)

♥ **Mein Glücksbringer war ...**
mein Bär Hucky

♥ **Mit meiner besten Freundin habe ich immer ...** Rollenspiele gespielt: Prinzessin und Dienerin, Waisenkinder, Zigeuner und Schauspielinternat

♥ **Manchmal träumte ich ...**
Tommy Ohrner zu küssen (ich war ca. 11 Jahre alt)

Sabines rosaroter Fragebogen

♥ **Ich bin froh, ein Mädchen zu sein, weil …**
ich Kleider anziehen darf

♥ **Wenn ich groß bin, werde ich …**
Sängerin, Schauspielerin, Modedesignerin, Pralinenladenbesitzerin

♥ **Mein Lieblingsbuch/bücher …**
„Simpel", „Penderwicks", „Harry Potter"

♥ **Mein Lieblingsfilm/filme …**
„Chocolat", „Wenn Träume fliegen lernen", „Die wilden Hühner"

♥ **Am Nachmittag mach ich am liebsten …**
singeeeeeeen!!! Musik hören, im Garten rumflätzen, Mode designen, Freunde treffen

♥ **Ich möchte so werden wie …**
… wie ich halt werde

♥ **Wie sieht mein Traumzimmer aus …**
Himmelbett, rosa, groß

♥ **Das zieh ich am liebsten an …**
Kleider und Röcke und gaanz viel Schmuck dazu

♥ **Mein Lieblingslied …**
diese Woche: „Ich bin so froh, dass ich ein Mädchen bin"

♥ **Meine Lieblingsfarbe …**
türkis, blau, pink

♥ **Wenn ich erwachsen bin, dann …**
hab ich viele viele Kinder, eine wunderschöne Wohnung und ein ganzes Zimmer nur für Kleider und Schuhe und Taschen

♥ **Ich möchte … können**
Balletttanzen

♥ **Wenn ich ein Junge wäre, würde ich …**
lieber ein Mädchen sein

♥ **Mein Glücksbringer ist …**
mein – leider etwas verbeulter – Kronenring

♥ **Meine beste Freundin ist meine beste Freundin, weil …** ich mit ihr lachen und ihr alles erzählen kann

♥ **Manchmal träume ich …**
… dass die ganze Welt auf dem Kopf steht und ich wegrennen will, es aber nicht kann

♥ **Mit meiner besten Freundin mache/spiele ich am liebsten …**
Rollenspiele, vor allem Waisenkinder, die ausbrechen und Hexen werden

Paulinas rosaroter Fragebogen

♥ **Ich bin froh, eine Frau zu sein, weil …**
ich mir die Fußnägel lackieren kann und ich meine süßen Kinder bekommen habe!

♥ **Als Mädchen wollte ich …**
Piratin werden

♥ **Als Kind war mein Lieblingsbuch/bücher …**
alle Bücher von Astrid Lindgren

♥ **Als Kind war mein Lieblingsfilm/filme …**
„Tschitti Tschitti Bäng Bäng"

♥ **Am Nachmittag machte ich am Liebsten …**
basteln, lesen

♥ **Ich wollte so werden, wie …**
meine Mama und meine Tanten

♥ **So sah mein Kinderzimmer aus …**
unaufgeräumt, weil überall gespielt wurde, mit orange-gelber Blumentapete im 70er-Jahre Stil und passendem orangenem Teppich!!!

♥ **Das zog ich am liebsten an …**
ein Kleid mit Erdbeermuster von meiner Mama genäht, Jeans, die Collegeschuhe von Sonja und eine alte karierte Bluse meiner Mama, die aus der Hose hängen musste!

♥ **Mein Lieblingslied war …**
Beatels-Platten von meinem Papa (vor allem „Strawberry Fields Forever")

♥ **Meine Lieblingsfarbe war …**
rosa, danach blau

♥ **Wenn ich erwachsen bin, wollte ich …**
um die Welt reisen und in Japan leben

♥ **Ich wollte immer … können**
fliegen

♥ **Wenn ich ein Junge gewesen wäre, hätte ich …**
noch mehr böse Jungs verhauen, die mich und meine Freundinnen geärgert haben

♥ **Mein Glücksbringer war …**
ein buddhistischer Glücksanhänger „O-Mamori"

♥ **Mit meiner besten Freundin habe ich immer …**
– Synchronschwimmen geübt bei Musik von Elvis Presley und ihr Bruder musste zuschauen
– Detektiv gespielt (Unser Büro war auf dem Dachboden, gegenüber vom Büro der Nachbarjungs!)
– Daktari gespielt (Tierkrankenstation in Afrika)
– Streiche ausgedacht und ausprobiert und schnell weggerannt!

♥ **Manchmal träumte ich …**
dass ich fliegen kann

Fumis rosaroter Fragebogen

♥ **Ich bin froh, ein Mädchen zu sein, weil ...** ich dann lange Haare haben kann

♥ **Wenn ich groß bin, werde ich ...** Bäuerin

♥ **Mein Lieblingsbuch/bücher ...** „Millie"

♥ **Mein Lieblingsfilm/filme ...** „Totoro", „Tom und Jerry", „Herr der Diebe"

♥ **Am Nachmittag mach ich am liebsten ...** Judo, malen, spielen

♥ **Ich möchte so werden wie ...** Mama

♥ **Wie sieht mein Traumzimmer aus ...** riesig, mit einer Hängematte als Bett

♥ **Das zieh ich am liebsten an ...** Jeans, mein weinrotes T-Shirt

♥ **Mein Lieblingslied ...** „Yellow Submarine" von den Beatles, „Zombie" von den Cranberries

♥ **Meine Lieblingsfarbe ...** blau

♥ **Wenn ich erwachsen bin, dann ...** kann ich Kinder haben

♥ **Ich möchte ... können** Judo, mit meinen Kindern schmusen, Spagat

♥ **Wenn ich ein Junge wäre, würde ich ...** ein Boot haben wollen

♥ **Mein Glücksbringer ist ...** meine Muschelkette, die ich nicht mehr finde

♥ **Meine beste Freundin ist meine beste Freundin, weil ...** sie einfach für mich da ist, sie nett ist

♥ **Manchmal träume ich ...** von süßen Tieren

♥ **Mit meiner besten Freundin mache/spiele ich am liebsten ...** Flummi, Polly Pocket, Fingerscateboard

Hannahs rosaroter Fragebogen

Dank

— den tollen Mädchen, die uns bei diesem Buch geholfen haben: Isabelle, Emely, Vanessa, Josefine, Isabelle, Zoe, Clara, Jette, Lisa, Annika, Chiara, Carla, Mia, Lotte, Meret, Lina, Enola und Petra für die schöne Schminkerei!

— unseren wundervollen Töchtern Hannah und Paulina.

— unseren ebenso wundervollen Müttern Heidi und Yoshiko für die Kreativität, die sie uns mitgegeben haben.

— unseren genauso wundervollen Männern Jakob, Andreas, Luca und Sascha, dass sie in dieser rosaroten Rüschchen-Phase zu uns gestanden haben.

Register

A

Acrylfarbe 17, 21, 29, 32, 89, 126, 131, 133
Armband 44, 83, 85, **95**, 97,112

B

Barbie 8, 13, 19, 20, 23–28, **24**, 56, 62, 74, 91
Bettwäsche **128–129**
Bikini **23**
Bilderrahmen **133**, 134
Blumen 10, 17, 24, 28, 47, 48, 74–76, 94-96, 98, **99–100**, 101, 114, 131, 133, 135
Blumenketten 24, 31, 100–101, 131

F

Feenbaum **29–31**
Freundin 6, 7, 24, 26, 28, 52, 56, 88, **108–110**, 112, 113, 118, 122, 126, 137
Füllwatte 14–16, 40, 41, 47, 77, 78, 84, 92, 113, 130

G

Gedicht 10, 46, 48, **114**, 127, 128
Geheimsprache 112, **122**
Golddraht **94**
Gürtel 23, 44, 83, 85
Gummitwist **64–65**

H

Häkeln 8, 23, 29, 30, 37, 42, 43, 56, **57–58**, 92, 94, 101
Handarbeiten 8, 9, **37**
Handschuh 20, 25, 26
Hula-Hoop **79**

I

Inliner 79

J

Jeans 15, 26, 44, 74, 82, 95, 96
Jonglieren 80

K

Kette 7, 24, 31, 49, 57, 58, 92, 96, 100, 101, 110, 112, 141
Kissen 47, 86, 100, 113, 120, 124, 125, 128, 129, **132–133**
Knöpfe 15, 17, 34, 42, 46, 47, 77, 82, 83, 84, 94–96, 103, 106, 127, 128, 131, 132
Koffer **19–20**, 82
Krone 82, **83-85**

L

Lampe 18, 91, 113, **130–131**

M

Malen 10, 14, 15, 17, 18, 21, 31, 33, 45, 46, 47, 52, 74, 79, 85, 90, 93, 118, 119, 124, 129, 133
Mappe 46, **51–52**
Modedesign 45, 50, 139
Modenschau **39**
Moosgummi 17, 32, 128, 129
Mosaiksteine 32
Muschel 17, 18, 21, 22, 46, 131

N

Nähen 8, 13, 14, 15, 16, 23, 26, 31, 37, 40, 41, 43–46, 48, 62, 73, 76, 77, 82–84, 90, 94, 95, 96, 101, 102, **103–106**, 113, 117, 118, **128**, 130, 131, **132**, 134
Nixe 21, **22–23**, 30

O

Ordner **52, 115**
Origamipapier 17, 100

P

Pappe 19, 20, 27, 50, 52, 62, 78, 85, 115, 119, 122, 125, 129
Perlen 14, 21, 31, 42, 43, 51, 52, 95, 96, 100, 103, 115, 119, 132, 133
Pferd 7, 26, 40, 41, **72–74, 77–78**, 82, 108, 124, 131
Pimpen 40, 42, **47–48**, 49, **73–75**, 130
Plexiglas 18, 21, 30
Prinzessin 7–9, 74, 82, **83–88**, 90, 103, 125, 126, 129, 131
Prinzessinnengeburtstag **85–86**
Puppe 8–10, 12, **13–16**, 17, 24, 25, 31–34, 40, 46, 127
Puppenhaus **17–18**
Puppenkleidung 16, 23, **24–26**, 127
Puppenküche **32–33**
Puppenmöbel 17–19, 26, **30–31**

S

Sattel **76**
Schal 9, 26, **44**, 56
Schirm 23, **48**
Schlafmaske **70**
Schminken 39, **88**, 89
Schmuckbüste **97**
Schrank 6, 7, 17, 26, 32–34, 36, 38, **39**, 50, 120, 124–127, **127**
Schuhe 7, 24, 39, **41**, **47**, 50, 62, 85, 86
Seilspringen 7, 60, **63**, 65
Socken 15, 20, 25. 26, **40–41**, 44, 77, 88
Sperrholz 17, 18, 31, 32, 33, 34
Spiegel 19, 31, 89, 125, 127, **134–135**
Steckenpferd **77**
Stoff 10, 14, 15, 17, 18, 19, 23, 26, 27, 28, 31, 34, 39, 42, 44, 45, 46, 47, 48, 62, 72, 76, 77, 82, 83, 84, 85, 90, 92, 93, 94, 95, 96, 103–106, 115-117, 118, 119, 124, 125, 126, 128, 130, 132
Streichholzschachtel 17, 18
Stricken 8, 33, 37, **53–56**, 134
Strumpfhose 15, 16, **40–41**, 46, 78
Stuhl 13, 20, 26, **126**
Stulpen **40, 46**

T

Tapete 17, 18, 19, 32, 50, 118, 140
T-Shirt 15, 26, 38, 42, **44**, 46, 83, 92, 103, 110, 112, 129
Tasche 7, 26, 40, 44, 50, 73, 74, 83, 88, 92, 95, **103–106**
Teppich 17, 18, 19, 33, 41, 62, 74, 95, 96, 104, 105

V

Verkleidung 3

W

Walnuss **93**
Wolle 14, 15, 30, 41, 53, 71, 77, 78, 83, 92, 100, 101, 106

Z

Zeichensprache **121**